Bom Senso Financeiro

Os Passos Que Garantiram Nossa Independência Financeira

Alexandre Rosa Carneiro

Bom Senso Financero   Alexandre Rosa Carneiro

US Copyright Office Case 1-13200969321
Registro na Biblioteca Nacional do Brasil-
000984.0067820/2023
All Rights Reserved

Índice

INTRODUÇÃO	1
CAPÍTULO.1	
Nossa Jornada até a Independência Financeira	7
CAPÍTULO.2	
Como fazer um orçamento mensal de gastos e receitas	23
CAPÍTULO.3	
Como Viver para ser Livre de Dívidas	32
CAPÍTULO.4	
Criar um Fundo para Emergências	48
CAPÍTULO.5	
A Casa Própria abre o Caminho para a Independência Financeira	55
CAPÍTULO.6	
Investir na sua Aposentadoria	77
CAPÍTULO.7	
Viver a Vida	104
7.1- Ainda Endividados	108
7.2- Sem dívidas, trabalhando e ainda investindo para a aposentadoria	117
7.3- Aposentado e Usando os Recursos Investidos	132

AGRADECIMENTOS

Obrigado a Caroline Chevalier Giffoni por revisar esse livro com relação à gramática e ortografia.

E obviamente o agradecimento especial vai para a Dani, minha querida esposa, que além de incentivar para que eu escrevesse esse livro, ajudou, desde que nos conhecemos, a buscarmos juntos o objetivo da independência financeira. Ela sem dúvida não é só minha parceira, mas também minha inspiração. Obrigado e te amo, Dani.

INTRODUÇÃO

Uma das coisas mais importantes que devemos aprender na vida é como lidar com dinheiro e nossas finanças pessoais. Isto é algo que não aprendemos na escola, apesar de ser algo tecnicamente simples em termos matemáticos. Fundamentos simples como juros compostos, retorno sobre investimento, cálculo dos juros de empréstimos e como administrar uma conta corrente, entre outras coisas, são regidos por matemática básica.

Apesar do conhecimento de ferramentas de investimento e matemática básica serem essenciais, estudos indicam que 80% do sucesso financeiro vem do nosso comportamento e apenas os restantes 20% são resultado de conhecimento técnico. Minha experiência de vida e observações me levam a crer que comportamento realmente é, de longe, o que mais contribui para alguém atingir a independência financeira.

Eu decidi então escrever esse livro mostrando quais comportamentos e passos são essenciais para que os leitores obtenham uma situação de vida melhor em relação à questão financeira e vou ilustrar como, se você conseguir alterar esse comportamento, você pode gerar resultados significativos com exemplos observados na minha vida e carreira assim como através de exemplos financeiros.

Com certeza a maioria dos passos e conhecimentos aqui são baseados basicamente em senso comum, organização e determinação. Como esse livro é direcionado principalmente às pessoas que estão tendo dificuldades para pagar suas contas, criar e administrar um patrimônio, que estão possivelmente endividadas, ou simplesmente querem melhorar a forma como lidam com seu dinheiro, nos próximos capítulos vou entrar em detalhes com relação a quais passos e em que ordem as pessoas têm que realizar esses passos para que consigam obter o controle sobre seu dinheiro e adquirir sua paz financeira.

Na nossa vida, o que temos de mais importante são família, saúde e valores. Mas logo após isso, acredito ser de grande importância termos independência e paz financeira. Isso é o que vai nos permitir desfrutar das nossas companhias e da nossa vida no futuro. Ninguém consegue aproveitar a vida preocupado com a chegada do IPTU, se vai ter o suficiente para pagar o aluguel ou a prestação da casa ou a matrícula da escola dos filhos.

Infelizmente, a maioria das pessoas ainda vive de uma forma desorganizada, sem controle sobre seus gastos, sem um planejamento para o futuro e que, mesmo às vezes tendo um bom salário ou um negócio que gera bastante dinheiro, essas pessoas não conseguem acumular riqueza e patrimônio. O dinheiro acaba sendo gasto em itens supérfluos ou de pouca necessidade, ou em assinaturas, ou em viagens, ou em restaurantes, etc. O principal problema da maioria das pessoas é o seu comportamento com o dinheiro. E isso inclui também a geração de receita ou salário. É fácil reclamar que não tem dinheiro e ao mesmo tempo ficar numa zona de conforto sem se esforçar para trabalhar mais duro, buscar novo emprego ou mais educação, empreender ou o que seja necessário para aumentar suas chances de chegar à sua independência financeira.

O objetivo principal deste livro é dar as ferramentas para que o leitor analise sua situação e faça as mudanças comportamentais para atingir seus objetivos financeiros: não ter dívidas, ter uma casa própria e um montante guardado para viver tranquilamente durante sua aposentadoria. Eu acredito que seguir os próximos passos é essencial e os mesmos serão explorados em detalhe nos capítulos seguintes. Os passos são, nessa ordem:

1- Fazer um orçamento mensal de gastos e receitas
2- Acumular um fundo de emergência de em torno de R$5000
3- Pagar todas as dívidas (excluindo pagamento da casa)
4- Fazer uma poupança no valor de no mínimo 6 meses de todos gastos mensais
5- Pagar o empréstimo da casa própria
6- Investir na aposentadoria
7- Viver a vida

Em resumo, esses foram os passos, utilizando o bom senso, que eu tomei na minha vida e que possibilitaram que eu obtivesse minha independência financeira quando era relativamente jovem, aos 40 anos de idade. Com certeza, seguindo esses passos nessa ordem e os comportamentos que vamos discutir no livro, qualquer pessoa pode atin1gir esse objetivo. Dependendo de quão dedicada e diligente a pessoa é e de quanto a pessoa gera de receita/salário, o leitor que seguir esses passos vai eventualmente atingir seus objetivos financeiros e vai acumular riqueza e patrimônio.

A grande maioria das pessoas atinge sua independência financeira através do seu trabalho e não através de herança. É fácil observar pessoas que já atingiram uma condição favorável e desejarmos o mesmo, então é importante entender que a maioria dessas pessoas chegou lá através de esforço, estudo, inovação, empreendedorismo etc. Essas pessoas fizeram escolhas de bom senso que ajudaram elas a não desperdiçarem o que elas estavam recebendo do seu emprego ou do seu negócio. Aqui nos Estados Unidos, onde temos mais dados com relação a acúmulo de riqueza, sabemos que hoje a maioria dos milionários (em dólar) tem na verdade profissões comuns como contadores, professores, pilotos, advogados, médicos, engenheiros, donos de pequenos negócios etc.

É importante destacar, desde já, que não existe fórmula milagrosa. Acumular riqueza e chegar à sua independência financeira requer sacrifícios, é chato, moroso e leva tempo, sendo que este é nosso mais importante aliado. É ter a diligência para cortar seus gastos, pagar suas dívidas e depois investir de forma responsável e por muito tempo (contando com a força dos juros compostos). Você tem que viver abaixo do padrão que você poderia viver com o que ganha para, no futuro, viver como você quiser viver com tranquilidade.

No próximo capítulo vou resumidamente explicar como eu adquiri nossa independência financeira e as decisões e atitudes que tivemos com nosso dinheiro para que a gente pudesse acumular um patrimônio suficiente para viver de renda desde relativamente jovens - e isso sem receber herança, sem ganhar na loteria ou criar uma empresa de sucesso. Conseguimos nosso objetivo apenas através de atitudes de senso comum e de certo sacrifício para poder investir mais e, pacientemente, contar com o tempo para permitir que os juros compostos fizessem nossos investimentos crescerem.

Nossa Jornada até a Independência Financeira

CAPÍTULO 1

Esse capítulo vai tocar em todos os passos e circunstâncias que nos levaram a atingir cedo nossa independência financeira. Foram escolhas diárias e de longo prazo que permitiram que fizéssemos uma economia maior, investimentos de longo prazo e escolhas que nos permitiram estar, relativamente jovens, já com uma situação confortável, paz financeira e sem a necessidade de depender de ninguém para nos sustentarmos com uma qualidade de vida que achamos adequada e que nos deixa satisfeitos.

Acredito que esse capítulo é interessante para já entender quais sacrifícios e escolhas que permitem a acumulação de riqueza e patrimônio, mas para aqueles que quiserem mergulhar diretamente nos passos, fiquem a vontade para pular diretamente para o capítulo 2. Esse capítulo vai tratar das condições em que eu e minha esposa crescemos, assim como foco nas nossas carreiras e escolhas que eu fiz antes e depois de estar casado. Algo extremamente importante para o sucesso financeiro é estar alinhado com seu parceiro de vida. Somos um time, então nossa vida é uma só, os objetivos são os mesmos, nossas contas são conjuntas e o dinheiro é nosso, não importa se é um ou ambos que o ganha através de salários ou proventos de empreendorismo.

Bom, vamos começar com a minha história: eu cresci no Rio Grande do Sul em uma família de classe média e estudava em um bom colégio particular de Porto Alegre. Embora nunca tenhamos passado dificuldades sérias (falta de moradia, comida ou de itens essenciais) também não tínhamos nada de luxo. Houve momentos de maior dificuldade quando meu pai tinha perdido o emprego e tivemos que morar em um período com meus avós e também uma época, quando eu tinha em torno de 12 anos, após o divórcio dos meus pais, onde nossos recursos ficaram bem escassos e minha mãe, que era até então dona de casa, teve que trabalhar e iniciar uma carreira. Sempre contamos com a ajuda de meus avós, que ajudaram em alguns momentos financeiros mais difíceis e colaboraram muito com minha educação pagando as minhas aulas de inglês, nos abrigando quando necessário e cuidando de mim e minha irmã enquanto minha mãe iniciava sua carreira.

Na minha escola tínhamos pessoas de classes diversas. Era um colégio católico e muitas vezes foram bastante compreensivos em alguns momentos em que entendiam uns atrasos no pagamento ou concediam bolsa parcial para que eu e minha irmã pudéssemos continuar na escola durante anos de maior aperto financeiro. Principalmente na minha adolescência, que é quando começamos a dar importância para coisas e bens materiais, que comecei a formar alguns dos princípios que me ajudaram a acumular riqueza e atingir nossa independência financeira no futuro. Na nossa escola tínhamos muitos colegas que eram de famílias que tinham bastante recursos financeiros e, portanto, tinham acesso a férias com viagens pelo Brasil e para o exterior (como Disney), acesso a itens de marca (tênis, mochilas, roupas e outros itens) etc. Enquanto somos crianças e adolescentes, nós somos muito mais suscetíveis a querer o que as outras pessoas com quem convivemos têm e isso acontece num momento em que não temos ainda as ferramentas para lidar com isso - somos dependentes de nossa família. Eu cresci nos anos 80 e 90 então esse problema ainda era de muito menor gravidade do que aquele pelo qual as pessoas passam nos dias de hoje, onde a comparação não é apenas com as pessoas da mesma sala e mesma vizinhança, mas sim com pessoas do mundo inteiro através das redes sociais. Evitar essas comparações é muito importante e tocarei mais no assunto quando tratar de montar um orçamento no segundo capítulo.

De qualquer forma, acredito que ter crescido num ambiente onde a maioria das pessoas tinha mais bens materiais do que eu e ter passado por algumas dificuldades financeiras acabaram me ensinado algumas lições importantes: eu aprendi a nunca dar muita atenção para bens materiais ou marcas e também me motivou a sempre estudar e me esforçar para nunca passar pelo tipo de dificuldade que meus pais passaram. Eu preciso confessar que não são lições fáceis de se aprender. É claro que eu queria e tinha vontade de ter o tênis legal, a mochila da marca x, o caderno que não era o mais barato, mas minha realidade me fez ver que o que eu tinha já era mais que suficiente e deveria ser grato por estar tendo uma educação de qualidade em um ambiente seguro e com uma família presente.

Outro fator que acredito que tenha me ajudado a desejar alguns de meus objetivos foi a experiência de ter ido visitar os Estados

Unidos quando fiz 15 anos. Meus avós tinham uma condição boa de vida e me presentearam com uma passagem de avião até a Flórida para que eu visitasse minha família que morava lá. Meu tio havia imigrado para os EUA nos anos 70 onde fez seu mestrado em medicina e eu tenho 3 primos que já viviam lá naquela época. Apesar da distância, éramos muito próximos e sempre que visitavam, mandavam cartas e fitas cassetes contando suas histórias (sim, naquela época sem internet e com telefonia muito cara era assim que a gente se comunicava) eu ficava com uma vontade muito grande de conhecer o exterior. Então, no final de 1991, embarquei para os EUA para ficar dois meses - fiz a viagem de avião sozinho, o que já foi uma certa aventura. Lá eu tive a oportunidade de ver como era o dia a dia da vida americana e obviamente fiquei muito impressionado com a qualidade de vida das pessoas, com a infraestrutura, com as oportunidades e isso acho que me plantou uma semente de um dia querer morar no exterior. Além disso, me proporcionou praticar meu inglês, e ver que não era assim tão fluente, apesar de estar estudando desde os 8 anos, o que me motivou a não abandonar as lições de inglês e buscar formas de aprimorar ainda mais a língua (vendo filmes e lendo livros).

Estou dando alguns detalhes da minha adolescência que acabaram ajudando a moldar o que eu queria alcançar na vida para que você, leitor, possa refletir e também identifique seus objetivos. Cada pessoa pode ser contente e satisfeita atingindo resultados completamente diferentes. É muito importante traçar esses objetivos cedo de forma que se possa planejar e ter o maior tempo possível para alcançá-los.

Ao chegar no último ano colegial, eu já tinha alguns objetivos traçados embora fossem bem amplos: não passar por dificuldades financeiras e preferencialmente viver no exterior. No entanto, eu não tinha ainda convicção de como chegar neles. Sabia que, por enquanto, tudo que podia fazer era ir bem na escola e aprender bem o inglês. Nesse aspecto eu estava indo bem pois sempre estudei e tirei ótimas notas. Naquela época, a entrada para a faculdade era apenas pelo vestibular, então, com 16 anos, eu tinha que decidir o que eu iria estudar... o que poderia me dar uma maior chance de atingir os meus objetivos de ter uma vida financeira confortável e morar no exterior?

Um dos cursinhos preparatórios para vestibular foi na nossa escola fazer um simulado do vestibular e acabei ficando em primeiro lugar no meu colégio entre cerca de 200 alunos, o que me proporcionou uma bolsa de 100% para frequentar aquele cursinho. Agora só faltava decidir para qual curso eu tentaria passar no vestibular. Eu estava na fila para me inscrever na prova da UFRGS (Universidade Federal do Rio Grande do Sul) e decidi o curso mais por eliminação do que convicção, fazendo isto na fila para inscrição para o vestibular mesmo. Acabei optando por Engenharia Mecânica pois sempre gostei muito de física e matemática além de adorar ciências/espaço sideral em geral. Meu sonho, na época, era trabalhar na NASA, atingindo assim meus dois objetivos. Eu fiz apenas o vestibular na UFRGS pois não queria trazer mais um gasto para minha família e também não lembro de serem comuns empréstimos para estudantes. Além disso, eu sabia que com minha quantidade de estudo eu conseguiria passar com certa facilidade -

não era um curso muito disputado, com cerca de 8 alunos por vaga. Pouco, se comparado com medicina e outros cursos que passavam de 30 candidatos por vaga.

Conforme planejado, acabei passando em uma das primeiras colocações no vestibular e na faculdade encontrei um ambiente bem mais diverso, com pessoas de várias localidades do estado e com diferentes histórias de vida. A partir do meu segundo ano, iniciei meu primeiro estágio em uma empresa de autopeças e essa foi a primeira vez em que ganhei meu próprio dinheiro e também minha primeira experiência com o que seria trabalhar como engenheiro mecânico em uma fábrica. Esse seria um dos caminhos da carreira de engenheiro. A empresa era bastante longe dos campi da universidade e, como me locomovia de ônibus, acabava passando muito tempo me deslocando do trabalho para a faculdade e depois para casa. Até porque na universidade federal, os horários eram todos quebrados com aulas de manhã, à tarde e à noite dependendo do semestre e faziam com que arranjar horários para estagiar fosse mais desafiador, principalmente se você fizesse todos créditos e cadeiras recomendados por semestre. Esse foi o período em que comecei a economizar e, mesmo recebendo um salário de estagiário, sempre optei por construir uma reserva. Após um tempo, como minhas notas na faculdade eram muito boas, me ofereceram uma bolsa de iniciação científica na Universidade. Por ser um trabalho de pesquisa e dentro de um dos campi da universidade, optei por mudar para esse emprego pois a carreira acadêmica também parecia interessante e alguns dos professores e PhDs com quem convivia tiveram a oportunidade de obter seu mestrado e doutorado no exterior. Dessa forma, eu também via nessa carreira um caminho para ter uma carreira estável e eventualmente morar no exterior, que eram meus objetivos principais. Durante esse período, no fim dos anos 90, usei o que tinha economizado nos meus empregos e fui para os Estados Unidos por dois meses durante as férias de verão e tive a oportunidade de visitar as faculdades onde meus primos estudaram lá e isso só aumentou a vontade de um dia morar fora do Brasil. Também fiquei bastante contente de ter feito a viagem, mais uma vez sozinho, mas dessa vez com o dinheiro que eu tinha guardado (o Real estava próximo do valor do Dólar na época, o que facilitou muito minha viagem). Lembro que tinha economizado em torno de R$2.000 para levar, o que era mais de US$1000. Nos anos 90, era um bom dinheiro para passar um tempo nos EUA (deixando claro que tinha casa para ficar e não fui fazer programas de turistas - fui viver com meus primos o dia a dia deles como estudantes na faculdade, mas demos um pulo em Colorado com despesas pagas pelo meu tio, onde vi a neve pela primeira vez).

Na volta, quase me formando, estava me sentindo bastante perdido. Essa é uma idade com certeza de muita confusão para a maioria das pessoas, onde a maioria tem que escolher seu curso com 16, 17, 18 anos. E uma vez no curso, às vezes não é exatamente o que imaginávamos. Eu sempre gostei muito das cadeiras iniciais focadas em matemática e física, mas chegando mais para o fim do curso, as cadeiras, principalmente as mais relacionadas com o trabalho de engenharia mecânica, já não me interessavam tanto. De qualquer maneira, faltava pouco tempo para me formar e acabei terminando a faculdade em 4 anos e meio. Eu acabei me formando em primeiro lugar na minha turma com láurea acadêmica e, então, mesmo após algumas entrevistas com empresas locais do Rio Grande do Sul, acabei optando por seguir na carreira acadêmica e meu desempenho ajudou a obter uma bolsa para um mestrado em Engenharia Mecânica.

A área acadêmica me permitiria focar mais nas áreas que eu achava mais interessante, embora fosse mais limitada em termos financeiros. Sabia que seria uma carreira estável, mas que não me permitiria uma aposentadoria mais cedo, além das posições no exterior serem bastante competitivas, ou seja, não seria uma tarefa das mais fáceis conseguir eventualmente me tornar professor acadêmico no exterior.

Minha vida profissional acabou mudando completamente quando vi na faculdade, um cartaz de um banco internacional, que havia entrado recentemente no Brasil, recrutando para posições de Trainee Corporativo, sendo que uma das profissões que buscavam para a posição era a de engenheiro. No Rio Grande do Sul, não existe a cultura, que depois descobri existir, de pessoas fazerem engenharia para buscarem carreiras no mercado financeiro, como é bastante comum em São Paulo e Rio de Janeiro. O RS tem poucos bancos com sede local (com exceção do banco estadual e bancos menores) e, aqueles que se formavam em engenharia, iam buscar sempre emprego nas grandes empresas locais da época no Estado: Gerdau, Ipiranga, John Deere, etc. De qualquer forma, sempre tive a atitude de explorar novas possibilidades e me inscrevi para o processo de seleção desse banco e também de uma empresa de celular. Eu passei em ambos os processos de seleção, mas acabei optando pelo emprego no banco pois achava que, por ter uma sede no exterior e uma presença global, acabaria me dando uma oportunidade maior de eventualmente morar fora do país. Além disso, tinha um ótimo salário inicial (o dobro daquele oferecido pela empresa de celular). Me formei em 4 anos e meio, no mês de outubro de 1998 (mês esquisito devido a atraso com greves) e em março de 1999 iniciaria uma carreira em banco, sem nunca ter considerado fazer isso anteriormente.

Sem entrar em muitos detalhes do aspecto profissional, eu já iniciei com um bom salário e fui alocado em outra cidade do Brasil para o ano de treinamento *on the job* (trabalho 100% prático, junto dos profissionais). O salário era equivalente a mais de 10 salários-mínimos na época e o banco pagava acomodação e transporte na outra cidade durante o primeiro ano como *trainee*. Meus gastos continuavam a ser, dessa forma, muito baixos, mas com um salário muito bom para minha idade, eu não fiz o que era o normal para os outros colegas. Continuava sem ter um carro e não saia para comer fora com muita frequência e nem ia para a balada gastando muito, como outras pessoas com mesmas condições de salário faziam com a minha idade. Guardei já uma boa parte do que ganhava, pois tinha o objetivo de comprar um carro num futuro próximo e sempre fui totalmente contra comprar qualquer coisa que não fosse à vista. Poderia, nessa época, facilmente comprar um bom carro de luxo a prestações, mas isso significaria um aumento grande do custo final do carro e estaria comprando um bem de padrão acima do que eu precisava. Após um ano, após o treinamento, fui realocado na área corporativa de varejo do banco, com base em Porto Alegre. Nesse momento comprei um carro popular à vista com o dinheiro que tinha economizado e fui morar com meu primo, dividindo um apartamento que pertencia a família dele. Portanto, tinha uma condição de moradia bem barata, pois pagávamos as contas, IPTU etc, mas não tínhamos o custo de um aluguel propriamente dito e então vivíamos confortavelmente, mas sem luxo em um bairro de classe média de Porto Alegre. Nesse período, entendendo que eu havia mudado de carreira, decidi usar parte dos recursos que sobraram ao mês e que já tinha guardado para fazer um Mestrado Profissional em Economia. Queria buscar uma educação que me desse maior base para entender o mercado financeiro e, potencialmente, acelerar minha carreira dentro do banco. Então, com aulas nas sextas de noite e sábados durante o dia, acabava também evitando gastos em baladas, jantares etc. Vivia uma vida simples como sempre vivi, mesmo com um salário bom que me permitiria ter um carro melhor, viajar mais e ter outros gastos. Mas meu objetivo, talvez por medo de passar pelo que passei na infância, era de sempre acumular recursos para nunca passar necessidades financeiras. Eu tinha amigos que ganhavam salários parecidos, ou até menos, que acabavam gastando tudo que recebiam, dirigiam carros caros que compravam à prestação, iam a restaurantes caros, mas acabavam não guardando nada. Vamos discutir mais a frente o poder de juros compostos. Montantes aplicados quando jovem se valorizam de forma exponencial com o passar do tempo e por isso a importância de tentar e conseguir investir o quanto antes.

Durante o mestrado tive aulas sobre o mercado financeiro focado na área de investimentos e tesouraria, o que me pareceu mais interessante do que o que eu estava fazendo na área de varejo. Eu não sentia nenhum desafio intelectual nessa área, que era muito mais focada na parte de gerenciamento de pessoas, área motivacional e marketing, mas tecnicamente mais simples. Eu teria uma carreira boa se continuasse nessa divisão do banco, mas provavelmente ficaria limitado a ficar na mesma cidade ou outro local do Brasil.

Então passei a buscar outras oportunidades e, por ser um banco internacional, eu tinha acesso a posições em outros locais do mundo. Buscando essas oportunidades, me deparei com um programa para recém-formados de Trainees para a área de Tesouraria do banco global, que seriam alocados em qualquer lugar no mundo após um período de 3 meses em Londres. Houve um processo interno de seleção com provas e entrevistas finais em SP, com todo o processo em inglês, pois seria uma posição no exterior. Felizmente, fui um dos 3 escolhidos do Brasil e então embarquei sozinho para Londres com 25 anos. Boa parte de uma trajetória de sucesso para adquirir paz financeira é a disposição para buscar novos desafios e aumentar a ferramenta mais importante para acúmulo de riqueza: nossa renda. No exterior e na área de tesouraria, acreditei que teria oportunidades para alavancar meus ganhos. Era uma área completamente nova em um país novo, distante dos amigos e família, mas foi o desafio que me colocou numa carreira em que conseguiria aumentar consideravelmente meu salário. Não imediatamente, mas faria muita diferença a médio e longo prazo.

Acabei sendo alocado em Londres mesmo no primeiro ano e posteriormente em Nova Iorque e na Cidade do México. Nos EUA e Cidade do México, eu tinha a vantagem de ter moradia paga pelo banco pois consideravam minha base como Londres. Nesses países continuei com a mesma filosofia com relação ao meu dinheiro. Me divertia sem exageros, fiz algumas viagens pela Europa, EUA e México, mas sempre buscando alternativas que não fossem muito caras. Dessa forma, eu sempre guardava o máximo que podia. Vou discutir, em mais detalhes nos próximos capítulos, algumas das coisas que eu fiz para maximizar minhas economias.

Após o final do programa de treinamento, em 2004, fui alocado em São Paulo na área de tesouraria do banco. A partir de então segui para outros destinos na mesma instituição, todas as vezes que me era oferecida uma proposta nova de trabalho. Sempre achei que ter mobilidade e encarar desafios maiores era uma maneira de eu aumentar minha receita e, dessa forma, conseguir acumular mais dinheiro e me aposentar mais jovem. Então, em 2006 me convidaram para ir para Nova Iorque e prontamente aceitei. Tinha nesse momento recém comprado um apartamento em SP mas mesmo assim estava focado nos meus objetivos: morar fora do país e ter independência financeira. Lá optei por morar em Jersey City, localizada do outro lado do rio Hudson, que era uma alternativa mais barata do que ficar em Manhattan. Acabei comprando um apartamento lá após uns anos (vendi o apartamento de SP, que estava quitado, para dar de entrada neste dos EUA). Em NY, acabei conhecendo minha esposa, que também tinha experiências de vida semelhantes com relação a mim. Nos casamos e sempre fomos alinhados com os mesmos objetivos. Em 2010 me ofereceram uma vaga em Hong Kong e lá fomos nós, recém-casados, para o outro lado do mundo e nesse momento vendi o apartamento dos EUA. Era uma ótima oportunidade pois era uma vaga desafiadora, numa posição de expatriado (moradia e custos pagos pelo banco) e uma jurisdição de impostos baixos. Vamos discutir isso também adiante, mas estar atento às regras locais e formas de manter a maior parte do dinheiro que você ganha certamente impulsiona você para que chegue logo a sua independência financeira.

Em HK, como tínhamos poucos custos, conseguia guardar mais de 80% do que ganhava anualmente. Após alguns anos na Ásia, fui chamado para ir para Londres para uma posição semelhante. Nesse período estávamos tentando engravidar, o que era nosso principal objetivo quando nos casamos: constituir uma família. Esse é um capítulo à parte, que não está no escopo deste livro, mas as dificuldades e tratamentos sem sucesso em Londres e HK me fizeram solicitar a volta para o Brasil, onde existem tratamentos mais avançados. Esse foi o primeiro passo em minha carreira que eu sabia que teria um retorno financeiro menor para a gente, mas nossa prioridade no momento era ter nossos filhos. Além disso, já tínhamos uma quantidade de recursos considerável investida após quase 15 anos de carreira e vivendo de uma forma bem abaixo do nível de receita que a gente tinha. Nossa forma de tratar o dinheiro como casal será discutida no próximo capítulo onde explicarei como funciona o conceito de *"mad money"* (Dinheiro maluco) que nos ajudou bastante a nunca ter brigas por causa de gastos individuais, mantendo uma certa independência na decisão de certos gastos.

Nós então compramos um apartamento em São Paulo para viver e, nessa época, já conseguimos fazer isso sem adquirir empréstimos. Ter sua casa própria paga é muito importante pois, sem nenhuma prestação ou dívida grande, toda receita que você recebe, após pagamento das contas normais, pode ser direcionada para investimentos e aposentadoria. Vamos detalhar isso adiante no livro também. Felizmente nosso tratamento deu certo em São Paulo e conseguimos engravidar de gêmeos. Após alguns anos em SP, o banco para o qual trabalhava foi vendido e a posição que me ofereceram na nova instituição já não era interessante para mim. Além disso, depois de morar tanto tempo no exterior, tínhamos uma preferência por morar fora do país e sempre tivemos o sonho de voltar para os Estados Unidos. A esta altura, também já possuíamos uma poupança que gerava renda suficiente para vivermos no mesmo padrão que sempre tivemos - sem luxos, mas de forma bastante confortável.

Decidimos então vir para a Flórida, que é um estado sem imposto estadual sobre a renda e também com boas escolas e custo de vida mais baixo do que os outros lugares em que vivemos anteriormente. Isso é outro aspecto importante ao se planejar a aposentadoria. Ter a capacidade de mudar para uma cidade com menor custo de vida, ou um país ou estado com menores impostos pode fazer a diferença entre se aposentar cedo ou continuar trabalhando por muito mais tempo.

No momento em que escrevo esse livro (estou com 46 anos), já estamos vivendo há 6 anos na Flórida com a renda que construímos ao longo dos anos através de conceitos simples, que vou agora detalhar em cada um dos capítulos seguintes. Portanto, consegui me aposentar aos 40 anos de idade, algo que não havia planejado. Eu não tinha uma idade limite que queria alcançar, mas as circunstâncias acabaram favorecendo a gente de forma que pudéssemos chegar a nossa aposentadoria tão cedo. Ter um orçamento, não ter dívidas, comprar a casa própria, investir desde cedo para a aposentadoria são passos essenciais para atingir a independência financeira. Eu poderia ter seguido mais tempo na minha carreira e acumulado mais riqueza e viver numa condição de vida mais "luxuosa", porém estou satisfeito com nosso padrão de vida atual, podemos ambos acompanhar de perto o crescimento de nossos filhos e, se no futuro quiser voltar a trabalhar e ter uma atividade mais rotineira, sempre existe essa possibilidade. Independência financeira para mim é chegar nesse ponto onde temos a liberdade para viver da forma que estamos satisfeitos sem a obrigação de continuar trabalhando. Para cada pessoa, o número para se aposentar é diferente - depende do estilo de vida, de como se vive no dia a dia, de aspirações com relação a gostos futuros, de onde vão viver, entre outras coisas. Mas existe um número que dá uma boa ideia de quanto se precisa para aposentar e entraremos em detalhes no capítulo sobre investimento em aposentadoria, mas resumidamente se você tem guardado 20 vezes o que você gasta por ano, já está no ponto em que você pode considerar a aposentadoria.

Esse capítulo, como falei anteriormente, é necessário para você entender o que me motivou pessoalmente a ter o objetivo de chegar à independência financeira desde cedo e te fazer refletir um pouco e, talvez, se identificar com alguns pontos discutidos. Eu garanto apenas que não depender de ninguém, sabendo que você tem segurança para pagar suas contas e um valor aplicado para assegurar sua aposentadoria, te dá uma tranquilidade e paz muito grandes. Eu acredito que todos deveriam focar para chegar nessa situação. Nos próximos capítulos vamos discutir os passos para você também chegar no seu objetivo de obter paz e liberdade financeira.

Como fazer um orçamento mensal de gastos e receitas

CAPÍTULO 2

Para ter a mais básica saúde financeira, é muito importante gastarmos menos do que ganhamos entre salários e outras receitas. É uma matemática simples de adição das receitas e subtração das despesas, porém, a situação mais encontrada é uma desorganização, principalmente na contabilidade dos gastos. Neste capítulo, vamos focar em mostrar como fazer um orçamento e principalmente, como analisar a real necessidade dessas despesas, além de qual a melhor maneira de tratar desses gastos e receitas quando temos uma família (uma pessoa com quem escolhemos nos unir para dividir a vida e potencialmente nossos filhos).

Esse é o primeiro passo para adquirir, no futuro, a independência financeira - saber quanto gastamos e quanto ganhamos. Em primeiro lugar devemos listar (em uma planilha de computador ou em algum aplicativo de celular com essa finalidade) todas nossas despesas mensais e anuais. Desde a primeira vez que saí da minha casa e tinha contas pessoais para pagar (supermercado, gasolina, luz, condomínio, IPVA, IPTU, água, seguro saúde etc), comecei a fazer um orçamento para saber quanto deveria deixar reservado para o pagamento de contas de necessidade e quanto poderia investir após separar uma parte para entretenimento e coisas supérfluas. Veja que na época eu tinha uma condição favorável pois eu não tinha nenhuma dívida quando iniciei minha carreira. Esse livro é principalmente destinado para as pessoas que têm maior dificuldade e, portanto, talvez tenham dívidas mensais além dos custos relacionados acima. As dívidas podem ser provenientes de empréstimos pessoais, compras em prestação, parcela de veículos etc. Moradia fica numa categoria à parte pois trata-se de um item essencial e de um bem que normalmente se valoriza com o tempo.

Fazer um orçamento necessita apenas de organização e não tem custo algum. Eu sugiro a utilização de uma planilha como google sheets (google planilhas) que é gratuita e já tem modelo tanto para orçamento anual quanto mensal. Também existem modelos semelhantes para excel providos de graça também e disponível na internet. É importante também ser o mais detalhado possível para evitar o esquecimento de alguma atividade ou gasto, ou acabar perdendo controle de qual item está pesando mais em certo tipo de gasto. No modelo de orçamento da google planilhas são mais de 100 linhas de itens facilitando para que o criador do orçamento seja bem detalhista (adicionei um anexo no final do livro com um exemplo de uma destas planilhas completa por um mês para que vocês vejam um exemplo de modelo disponível). Outra dica muito importante é lembrar de adicionar os gastos anuais como IPTU, IPVA, matrícula escolar e dividir esses custos para cada mês. Por exemplo, se o gasto anual com IPVA esperado será de R$

3.600 por ano, você deve dividir esse número por 12 e adicionar R$300 por mês com gasto mensal de IPVA no seu orçamento. Esse dinheiro deverá ser aplicado em algum investimento líquido no banco com o propósito de, ao fim dos 12 meses, pagar o IPVA. O mesmo deve ser feito com todas as despesas anuais inclusive com o custo de férias e outras despesas que são pontuais. É muito importante ter esses itens mapeados para não ter nenhuma surpresa e ter que recorrer a se endividar (e isso inclui o pagamento "sem juros" de uma despesa). Alguns impostos também oferecem descontos para pagamento à vista e, portanto, é ainda mais vantajoso ter o recurso aplicado durante o ano para reduzir o valor da despesa e ao mesmo tempo gerar uma receita através do investimento.

O orçamento assim terá itens que são essenciais (moradia, água, luz, transporte, saúde, educação, alimentação e impostos) e itens que são não-essenciais (entretenimento, vestuário, restaurantes, viagens, etc) na área de gastos. Sempre você deve priorizar os itens essenciais, pois são os itens de sobrevivência. Você precisa ter um teto para morar, alimento, ter luz, água para então pensar nos outros gastos e alocar o que sobra para esses itens. Com relação à receita, você também deve adicionar os ganhos mensais como salário a cada mês, mas sem esquecer também dos itens que porventura sejam anuais como 13º salário, bônus, rendimentos financeiros, etc. Nesse caso, diferentemente das despesas, não é recomendado que os itens anuais sejam adicionados como receita mensal no momento da criação do orçamento ao menos até a ocasião em que você receba essa quantia. Por exemplo, se você está criando esse orçamento em março e não tem nenhum recurso guardado, não é prudente adicionar um recurso que vai ser recebido apenas em dezembro como uma receita disponível durante o ano. Se você tem o valor dessa renda futura guardada ou investida, aí sim você já pode adicionar esse ganho futuro (dividido por 12) nas receitas mensais. Isso vai evitar que o leitor tenha feito um orçamento detalhado e chegue ao fim do mês sem recursos para pagar suas contas porque estava contando com uma receita que só vai receber em alguns meses. Portanto, muito cuidado com receitas anuais até que elas realmente estejam à sua disposição. Para pessoas que têm negócio próprio ou algum outro tipo de receita variável e de menor previsibilidade, você deve adicionar no seu campo de receitas o total que você espera ganhar no ano (seja conservador e não exagere, pois é melhor errar para menos do que para mais) divididos por 12. Se houver muita sazonalidade (variação ao longo do ano), ajuste de acordo com seu histórico de outros anos e lembre-se de que, nos meses de maior receita, você deverá guardar dinheiro para ser usado no balanceamento do orçamento nos meses em que você tem uma receita menor.

Uma vez que o orçamento esteja pronto, é importante checar se ele está balanceado, ou seja, se com os gastos atuais existem receitas suficientes para pagar todas as contas essenciais e não-essenciais listadas.

Se, no seu orçamento, sobra dinheiro, isso já é excelente e meio caminho andado para alcançar sua independência financeira e vamos discutir nos capítulos seguintes o que fazer com os recursos que sobram (investir, quitar dívidas, aplicar para aposentadoria etc.). Se seu orçamento está com um saldo (renda - gastos) próximo de zero ou negativo, é um alerta que mostra que você tem que fazer mudanças com urgência para evitar se endividar (ainda mais, dependendo do caso).

Agora chegamos no momento de iniciar uma análise do orçamento e do que pode ser feito para resolver o problema do déficit (saldo negativo) ou melhorar ainda mais o superávit (saldo positivo). Uma maneira óbvia é aumentar a receita, porém não é trivial e imediato encontrar um emprego que pague mais ou um aumento de receita no seu negócio próprio. Você também pode buscar um segundo emprego ou pegar mais horas de trabalho dependendo do que você faz, mas vamos explorar esse tema com maior atenção no capítulo seguinte. O foco neste capítulo será em fazer o que podemos controlar com maior certeza: nossas despesas. Esse é o momento de analisar linha por linha do orçamento e adicionar no final o gasto anual para cada atividade. Uma das coisas mais importantes é analisar o orçamento pelo ciclo de um ano completo. Isso nos dá a dimensão correta do que estamos gastando e fica mais fácil pensar se vale a pena o custo dessa atividade ou se é mais interessante cortá-la ou achar um substituto.

Por exemplo, digamos que você gasta todos os dias para tomar um café da tarde ou da manhã em uma padaria ou café. Por dia você gasta R$30 nos dias úteis. São 5 dias por semana, por 52 semanas. Com seu orçamento bem-feito, você nota que você gasta em torno de R$7.800 por ano. Esse valor diário gasto em café da manhã/tarde, aplicado em CDB a 100% do CDI (estimando uma média de taxa de juros de 10% a.a. (ao ano) e inflação de 4%) se tornará, em 20 anos de aplicação, em R$630.503,00. O valor presente desse recurso seria mais de R$287.750,00. Ou seja, em 20 anos, usando as taxas acima, você teria o equivalente a mais de R$280 mil no dinheiro de hoje - seu café pode virar no futuro um carro de luxo ou a entrada de uma boa casa ou o caminho para uma aposentadoria tranquila. As pequenas coisas, quando aplicadas em investimentos por muito tempo, fazem muita, mas muita diferença.

Vale a pena gastar isso para você no café da manhã/tarde? O que você poderia fazer para reduzir esse valor e ter esses recursos no futuro? Eu lembro bem quando estava em início de carreira mesmo já em NY e chegava com um sanduíche que havia feito em casa. Era em torno de US$10 economizados por dia ou cerca de US$2.500 por ano. Essa mentalidade aplicada para vários itens pequenos vai fazendo a diferença. Também nunca comprei as roupas mais caras, restaurantes chiques, viagens para lugares de luxo, etc mesmo tendo dinheiro para isso. Meus carros sempre foram meios de locomoção e não um carimbo de status.

Eu fiz essas escolhas durante minha vida toda e hoje, com certeza, não me arrependo. Era conhecido como pão-duro, mas era uma preferência minha: viver diferentemente de todos ao meu redor para hoje poder viver com independência financeira, diferentemente de todos. As pessoas que se acostumam com um padrão de vida muito superior acabam gastando muito mais e, portanto, acabam demorando muito mais para chegar (quando chegam) à sua independência financeira. Conheci histórias de pessoas que ganhavam muito dinheiro, mas viviam como se ganhassem ainda mais. Se perdessem o emprego ou em caso de outra emergência, não teriam recursos para manter o estilo de vida por mais que alguns meses.

Outra linha para analisar no orçamento são os gastos para comer fora de casa. Se você tem um orçamento apertado, vale a pena você sair para comer uma, duas, três vezes por semana? Outra forma de analisar se o gasto vale a pena, além do custo anual, é checar quantas horas de trabalho custam aquela atividade ou aquele produto. Por exemplo, a receita da família é de R$10.000 e ambos do casal trabalham. Assumindo jornada de 40 horas por semana, cada um nesse casal ganha em torno de R$30.00 por hora. Vale a pena sair e gastar R$300 em um restaurante ou bar? Na minha opinião, não vale 5 horas de trabalho para cada um deles. Pense que os dois têm que trabalhar quase um dia inteiro para pagar essa conta do restaurante. Se eles saem uma vez por semana, cada um vai trabalhar 2 dias e meio por mês para dar para o restaurante. Nesse caso, vale a análise se talvez devem reduzir para sair a cada duas semanas ou, ao invés de sair pedir, uma pizza e gastar R$100 ao invés de R$300 por vez. Eu lembro de uma ocasião em um restaurante no exterior onde saí para jantar com um casal de amigos e a esposa dele estava em dúvida entre dois cortes de carne, mas eram a mesma peça só que uma era importada e a outra era local. Ela escolheu a importada e lembro de perguntar o porquê: e ela me respondeu que a importada era mais cara então devia ser melhor. Esse é o tipo de atitude que, ampliado para o resto de suas escolhas, vai fazer com que a pessoa leve muito mais tempo para atingir a independência financeira. Essa análise do custo de horas trabalhadas vale para qualquer compra também, especialmente quando for fazer uma compra por impulso. Vou trocar a tv por uma um pouco maior, mesmo com a velha funcionando.... vale a pena? Vai custar talvez um mês de trabalho ou mais dependendo da tv/salário.

Então usem essas duas regras: custo anual e custo de horas trabalhadas. Analisem linha por linha do orçamento: qual o custo anual? Vale a pena? Dá para cortar ou substituir por algo de valor menor? Isso também vale para itens comuns de supermercado, tv a cabo, idas ao cinema etc.

E para compras impulsivas ou entretenimento sempre vale a pena calcular quantas horas trabalhadas para pagar aquela atividade. Vale o esforço? Tem como substituir?

Outra linha muito importante no orçamento é a de moradia, que normalmente é a mais alta de todas. Se você aluga, tem como mudar para algum lugar mais barato ou arranjar alguém que divida as despesas (*roommate*). Qualquer redução no custo de moradia faz uma grande diferença no orçamento, pois normalmente é o item de maior valor. Veja a diferença que vai fazer no ano inteiro para decidir se vale a pena se mudar ou achar um amigo para dividir a moradia se você tem mais de um quarto.

O que é realmente importante é balancear o orçamento, primeiro para conseguir pagar todas as contas, mas apenas isso não é suficiente para adquirir a paz financeira. Você tem que ter um orçamento que pague todas as contas e também sobre para investir em uma casa própria e na sua aposentadoria. Por isso a análise é importante.

Com o tempo as receitas mudam, você pode ter uma mudança de emprego, promoção etc. e então você pode ajustar a planilha - aumentar seu gasto em entretenimento ou compras de supérfluos, etc. Mas vamos explorar isso em capítulos adiante.

Uma vez então que tenhamos um orçamento com saldo positivo (superavitário), podemos começar a realmente planejar como chegar na independência financeira. O primeiro passo é acabar com as dívidas, que é o assunto que trataremos no próximo capítulo.

Como Viver para ser Livre de Dívidas

CAPÍTULO 3

Com um orçamento balanceado e superavitário, temos já como planejar o pagamento das dívidas e investir para o futuro. De acordo com dados da Confederação Nacional do Comércio de Bens, Serviços e Turismo (CNC), em dezembro de 2021, mais de 76% das famílias brasileiras tinham dívidas ativas. Esse patamar cresceu bastante com a pandemia, mas já era alto em 2020 com mais de 70% de endividados. A nossa ferramenta mais importante para o acúmulo de riqueza é nossa renda, porém o maior obstáculo são as dívidas e os juros que consomem o que ganhamos.

Desde jovem, instintivamente, nunca comprei nada a prazo, em parcelas ou com cheque pré-datado (que era comum antigamente) com uma exceção - casa própria. A casa própria é o único bem que aconselho usar financiamento para comprar por se tratar de um bem que, na regra geral, não sofre depreciação e na verdade aumenta em valor com o tempo. Carros, roupas, imóveis para investimento e qualquer outro bem ou supérfluo nunca devem ser comprados com a ajuda de empréstimo. A forma de comprar esses bens é economizar usando o saldo positivo do orçamento até ter o montante necessário para adquirir o item necessário.

Para ter independência financeira no futuro, já falamos que 80% são resultado de comportamento e 20% conhecimento. Se nós queremos sempre estar impressionando família, amigos e pessoas que mal nos conhecem na mídia social, nunca conseguiremos acumular riqueza e provavelmente nunca teremos recursos adequados para aposentadoria. Teremos que trabalhar até o máximo possível para sustentar uma vida que nunca vai nos satisfazer pois sempre vai ter um amigo, parente ou vizinho com a casa ainda maior, carro ainda mais luxuoso e roupa ainda mais cara. Nesse momento temos que nos conscientizar e analisar profundamente o que é o objetivo final: ter independência financeira ou tentar impressionar a si mesmo ou algum conhecido com um bem material? Existe sim o momento para ter os itens que são mais supérfluos e apenas para satisfação pessoal, mas esse momento não é quando não se tem dinheiro para comprá-lo! Hoje em dia eu tenho todos os bens materiais que sempre quis ter e, embora ainda não ligue muito para isso, tenho os carros que acho legais, os eletrônicos, as tvs, e principalmente a casa. Mas tudo isso foi comprado no tempo certo. Não tentei comprar o que tenho hoje quando tinha 25 anos e teria que fazer vários empréstimos e financiamentos para pagar esses itens. Se tivesse tido esse tipo de comportamento, com certeza ainda estaria em busca de meu objetivo financeiro e cheio de dívidas a pagar.

Para aqueles que hoje já tem dívida, uma vez balanceado o orçamento, todo o esforço deve ser focado em pagar todas as dívidas existentes (de carro, de cartões de crédito, de consumo, de empréstimos estudantis etc). E até que todos os débitos sejam pagos, você deve ter uma intensidade máxima na busca desse objetivo. Os juros que você paga estão destruindo sua chance de acumular riqueza. E o Brasil tem um dos juros mais altos do mundo para o consumidor. Enquanto nos EUA os juros de cartão de crédito em 2023 cobram em torno de 15% a 23% ao ano após os aumentos recentes, no Brasil, os juros giram em torno de 14% ao mês! Em um ano você paga mais de 300% de juros se ficar pagando apenas o mínimo. Isso é insustentável e quebra as finanças de qualquer família.

Se você tem dívidas, você tem que parar de fazer tudo que é supérfluo e cortar os custos drasticamente até pagar tudo o que deve. Se você não mudar completamente seu comportamento de gastos, você não vai conseguir sair do buraco. Isso requer sacrifício e até estar em dia, você deve viver comendo arroz, feijão e ovo, de maneira alguma deve sair para comer fora ou viajar de férias. Aqui estou falando metaforicamente: não vá só comer isso- o ponto aqui é não gastar demais. Você também vai ter que buscar formas de aumentar sua renda: horas extras, um segundo ou terceiro emprego, fazer Uber, ifood, ou qualquer outra atividade que gere mais renda para você pagar as dívidas. Você vai sofrer por um período, mas, com determinação e resiliência, você vai resolver a sua vida criando um alicerce para acúmulo de riquezas.

Para fazer isso, é muito importante fazer uma lista de todas suas dívidas (com exceção de casa própria) e colocar em ordem decrescente do valor com maior taxa de juros para o de menor taxa. Ou seja, cartões de crédito provavelmente serão prioridade, depois terá financiamento de veículos, eletrônicos, empréstimos estudantis etc. Uma vez feita a lista, use todos os recursos que estão sobrando mensalmente para pagar primeiro o principal da dívida com maiores juros. Quando paga, passe para a próxima da lista até que todas estejam zeradas. Veja que você não pausa o pagamento das prestações das outras dívidas que já estão no seu orçamento. O superávit do orçamento sim que é direcionado para o principal das dívidas na ordem sugerida acima. Outra possibilidade também é tentar buscar um empréstimo pessoal com menor taxa de juros para pagar as dívidas com taxas exorbitantes como cartões de crédito e depois focar para pagar o quanto antes o novo empréstimo tomado. Isso ajuda na consolidação da dívida e acelera a quitação dos débitos, pois um juros menor irá incidir sobre o principal total devido. O valor total devido nesse caso não vai aumentar tanto quanto antes, quando você tinha taxas de juros mais altas.

Algumas pessoas, mesmo com dívida, mantêm recursos investidos no banco. Esta estratégia vai apenas adiar o pagamento das dívidas. O procedimento correto é sacar qualquer dinheiro investido e usar para pagar as dívidas o mais rápido possível, deixando apenas um fundo emergencial pequeno em torno de um mês de despesas ou R$5.000 - o que for menor. Outra alternativa para levantar dinheiro é ver em casa o que não está mais sendo usado e vender esses itens (roupas, eletrônicos, móveis etc.). É importante nesse período jogar tudo na sua dívida para também evitar prolongar esse período de sacrifício.

Se uma das dívidas é um financiamento de carro ou carros, o correto também é vender os carros e usar o valor que sobra para comprar um carro mais usado à vista que seja o suficiente para fazer o seu deslocamento. Ou até considerar outra forma de locomoção até que todas as dívidas estejam pagas e você possa então economizar para aí sim comprar um carro um pouco melhor no futuro. Por exemplo, se você financiou um carro de R$200.000 dando entrada de R$40.000 por 5 anos, utilizando a taxa de juros atual (em 2023) de 1.3% ao mês, você terá uma parcela mensal em torno de R$3.900. Ao longo dos 5 anos, você vai pagar mais de R$230.000 pelo valor de R$160.000 que você havia tomado emprestado (preço de tabela - tabela price). O carro é um bem que deprecia e, portanto, em 5 anos ele vai estar valendo bem menos que o valor original. Nesse exemplo vamos estimar uma desvalorização de 10% aa. Dessa forma, em 5 anos você terá um bem de R$100.000 e vai ter pago mais de R$270.000 por ele. Isso evidencia porque nunca devemos financiar bens que depreciam. Nesse exemplo você pagou mais de R$70.000 em juros que poderiam ter sido aplicados para uma aposentadoria no futuro ou a compra de uma casa própria.

Você também nunca deve comprar um carro que custa mais do que 50% da sua renda anual. Ou seja, o conjunto de carros da sua família não deve valer mais do que metade da receita anual. Carros são bens que perdem valor ao longo do tempo e eventualmente devem ser substituídos. Além disso, carros não devem ser tratados como símbolos de status. Um carro de boa qualidade pode tranquilamente durar até 200 ou 300 mil quilômetros se a manutenção for feita adequadamente. Depois, quando você tiver sua casa própria, recursos aplicados e com sua vida financeiramente encaminhada, aí sim você pode, se quiser, comprar o carro que você desejar. Se você atualmente tem um carro pelo qual você ainda deve um montante razoável, sugiro vender o carro, usar o dinheiro para quitar a dívida e, com o que sobrar, comprar um carro que ande mesmo que seja bem usado ou usar transporte coletivo, se possível. Imagina ter a disposição para jogar nas outras dívidas a parcela mensal que antes você entregava para o banco (e boa parte era juros)? Além disso, não ter mais o custo anual do IPVA e seguro (ou ao menos o custo menor de um carro mais barato)? E quem ficar um tempo sem o carro se livra de custos de gasolina, IPVA, pedágios, multas etc.

Como falado anteriormente, o mais importante é o comportamento para construir sua liberdade financeira. Geralmente as pessoas compram bens e itens supérfluos porque estão em um ambiente em que as outras pessoas estão fazendo a mesma coisa. Se você fizer o mesmo que seu parente que está quebrado e ainda comprando carro novo via financiamento, parcelando viagens e compras de roupas, celular etc você apenas vai conseguir ficar na mesma situação que ele: quebrado. Ou se você tentar se espelhar nas pessoas que ganham muito mais, que já estão numa situação melhor (ou aparentam estar); você também não vai conseguir sair da armadilha do consumo. Antigamente, em épocas sem mídias sociais, nossos parâmetros de comparação eram muito mais limitados. A gente tinha como comparação o que os amigos, vizinhos, parentes e colegas de trabalho tinham; e já se fazia muita besteira comprando coisas que não eram necessárias e que não se tinha como pagar. Com as mídias sociais, isso agora explodiu e está fora de controle. As pessoas ficam seguindo unicórnios (ou seja, casos raros de muito sucesso financeiro) e querem ter o mesmo estilo de vida. Não dá para seguir um jogador de futebol ou artista que ganha R$100 milhões por ano e querer fazer ou ter as mesmas coisas. Ou aquela influenciadora que tira foto no jatinho alugado para fingir que é dela ou tira várias fotos com roupas emprestadas. A maioria do que se posta nas mídias sociais é o melhor do melhor na vida das pessoas. Elas não passam todos os seus dias em festas, com as melhores roupas e melhores filtros. Tentar atingir objetivos irreais e inatingíveis só gera frustração e infelicidade. E é por isso que muitas pessoas, mas principalmente nas novas gerações, estão tão deprimidas. Não vou me aprofundar nisso pois não é o escopo do livro, mas é importantíssimo evitar comparações tanto com a vida das pessoas próximas quanto, principalmente, com o que postam nas mídias sociais. Vou tocar um pouco mais nesse assunto mais adiante quando discutir como devemos viver nossas escolhas em cada uma das fases da vida, de acordo com o estágio em busca da independência financeira em que estamos.

Eu lembro de ter lido sobre um estudo que fizeram no passado em que perguntavam para as pessoas o que elas preferiram: ganhar um aumento de 50% sendo que todos os colegas ganhariam um aumento de 100% ou não ganhar nada e ficar tudo igual. A maioria escolheu a segunda opção. Elas prefeream se manter numa condição igual para não ver as outras pessoas tendo uma receita muito maior do que elas. Elas já poderiam melhorar a vida com um aumento de 50%, mas não era suficiente porque, comparativamente, estariam piores que seus colegas. Isso faz parte da natureza do ser humano, mas é uma das coisas que mais pode nos atrapalhar ao tentar construir a independência financeira.

É muito importante exercitar o contentamento com o que temos e viver gastando menos do que ganhamos. Eu sempre trabalhei em áreas e locais com pessoas que ganhavam muito bem, mas também gastavam boa parte do que ganhavam e compravam os melhores carros, gastavam nas melhores viagens, nos restaurantes mais caros, etc. É uma escolha, mas a maioria dessas pessoas continua trabalhando para viver dessa forma enquanto eu, que sempre fui contente em ter um carro ok, viagens de férias legais, mas sem exageros, comer em restaurantes bons, mas não de luxo etc, já tenho hoje minha independência financeira. Na época em que voltei para SP para trabalhar em 2013, quando já tinha guardado um recurso considerável, comprei um carro utilitário à vista para a minha esposa e um outro carro simples para eu ir e voltar do trabalho (um HB20). Eu posso apostar que era o carro mais simples do andar em que eu trabalhava, mas cumpria sua função de me transportar de casa para o trabalho e vice-versa.

Se você quiser facilitar o exercício de autocontrole e acelerar a acumulação de recursos, você deve conviver e se cercar de pessoas que tenham o mesmo padrão financeiro para evitar gastos desnecessários. Se você tiver vários amigos que gostam de sair 3 vezes por semana em lugares caros, obviamente, se você for junto, também vai gastar muito mais do que você estava planejando e vai ser muito complicado pagar suas dívidas e acumular riqueza.

    Isso é uma escolha e algumas pessoas preferem gastar tudo que ganham e estão contentes em postergar ter sua independência financeira. Na verdade, eu acredito que isso não é racional, mas as pessoas em geral não conseguem se controlar e acabam se acostumando com um estilo de vida que não permita que acumulem riqueza ou, ainda pior, que elas precisem adquirir dívidas para manter. Trabalhar e continuar trabalhando até ter 60, 70 anos pode ser uma opção válida para quem gosta e muitas vezes é uma necessidade dependendo da carreira de cada um. Eu não estou aqui falando que todos tem que se aposentar cedo. Porém, o que temos que conquistar é a liberdade para continuar trabalhando apenas no que gostamos ou se quisermos. Alcançar a liberdade financeira nos permite fazer isso.

    Então cerque-se de pessoas e amigos que tenham o estilo de vida que você quer ter para atingir seus objetivos e não escute conselhos de pessoas que estão quebradas e cheias de dívidas, mas que tem o carro do ano e saem para jantar fora 4 vezes por semana.

    Outra armadilha que é bastante comum no Brasil e está se tornando comum também nos Estados Unidos é a compra em prestações "sem juros". Em primeiro lugar, principalmente no Brasil onde as taxas de juros são mais altas, normalmente os juros já estão embutidos nas prestações, ou seja, se você quiser pagar pelo mesmo item a vista, ele terá um desconto em relação a soma das prestações daquele item e isso já mostra que não é na verdade sem juros. Por exemplo, uma televisão que seria paga em 10 vezes de R$500 ao custo total de R$5.000 pode ser comprada, por exemplo, por R$4.700 à vista. Nesse caso, são R$300 que estavam embutidos na prestação "sem juros" que estava sendo divulgada na propaganda. Além disso, mesmo em casos em que não é cobrado juros (aqui nos EUA temos agora o crescimento dessas "promoções"), existem estudos que mostram que o consumidor chega a gastar 40% a mais em compras quando feitas dessa forma. Ou seja, a pessoa compra o que cabe no orçamento mensal e acaba comprando muito mais itens e entrando em dívidas de coisas que no futuro pode ter problemas para pagar.

Se, por exemplo a pessoa tem no orçamento R$1000 reais para compras de eletrônicos/supérfluos, e ao invés de economizar e pagar pelos itens à vista, ela vai no primeiro mês e compra tudo que desejava, mas em 24 prestações "sem juros", ou seja, adquire R$24.000 em dívidas de coisas que nem necessariamente ela precisava. Agora, caso a pessoa tenha necessidade real de comprar algum outro item, o orçamento dela fica preso por dois anos e ela tem uma grande dívida com a loja ou com o cartão de crédito. No exemplo acima eu coloquei como se a pessoa fizesse a compra de todo o valor disponível no orçamento de uma vez só, apenas para facilitar o entendimento, mas o que acontece normalmente é que as compras vão se acumulando ao longo do tempo. Em um mês é a compra de prestação de R$100, no mês seguinte uma de R$200 e assim por diante e quando a pessoa nota ela tem uma prestação somada muito grande. Se acontecer uma emergência médica na família, se alguém perder o emprego ou acontecer qualquer coisa que reduza as receitas dessa pessoa, ela vai ter uma dívida que não vai conseguir pagar. Isso vale para qualquer coisa: roupas, viagens, celular, carros etc. A maneira correta de fazer isso é economizar sempre antes para pagar à vista. É a única forma de garantir que você vai gastar apenas o que tem e não vai acabar com o nome sujo no SPC e em maiores dificuldades financeiras.

Esse mesmo conceito vale para uso de cartões de crédito. Estudos mostram que as pessoas que usam cartões de crédito gastam muito mais do que quem utiliza apenas cartões de débito ou dinheiro vivo/pix. Não pense que as empresas de cartões de crédito são entidades que querem ajudar e por isso que dão milhas, pontos etc. Essas instituições fazem isso porque sabem que as pessoas vão gastar mais usando o cartão e eventualmente não vão conseguir pagar a fatura inteira. Assim, dados os juros estratosféricos do Brasil para cartões, as pessoas acabam se afundando em dívidas que aumentam muito rapidamente. Você nunca pode pagar apenas o mínimo se quiser evitar grandes problemas adiante. Mesmo quem tem um cartão de crédito sem anuidade acaba gastando muito mais do que gastaria normalmente se usasse apenas cartão de débito ou dinheiro em espécie, pois acaba perdendo o controle sobre os gastos. O leitor que está na fase de pagamento das suas dívidas não deve utilizar cartão de crédito sob hipótese alguma. Corte seus cartões no meio e use apenas cartão de débito. Mesmo sem ter dívidas atuais, evitar a utilização do cartão vai ajudar muito a seguir o orçamento estabelecido e evitar um descontrole dos gastos.

Agora que estabelecemos que devemos evitar dívidas a qualquer custo e que devemos ter autocontrole para evitar compras e luxos desnecessários (devemos viver agora diferentemente de todos, para depois termos liberdade financeira e viver diferentemente de todos), além de ter um orçamento que devemos seguir a risca para primeiro quitar dívidas pendentes e depois para evitar entrar em novos empréstimos; devemos falar de outro assunto de extrema importância, sem o qual fica impossível atingir as metas mencionadas anteriormente: como lidar com dinheiro em família.

Para aqueles que já se casaram, vocês sabem que boa parte dos problemas em um casamento gira em torno de dificuldades financeiras ou de como se gasta o dinheiro do casal. Gostaria de abordar esse assunto aqui no capítulo sobre dívidas pois acaba sendo o assunto que gera a maior parte dos conflitos, porém essa discussão vale para todos os passos que sugerimos seguir no livro: fazer o orçamento, pagar as dívidas, comprar casa própria, investir etc.

A primeira coisa que todas as pessoas têm que entender é que, uma vez que casamos e assumimos aquela promessa de "até a morte nos separe" e "na riqueza e na pobreza", agora para efeitos financeiros, os recém-casados também devem se tornar uma entidade financeira apenas. Não existe mais dinheiro de um ou de outro, mas sim todas receitas e dívidas são de ambos. Se apenas o marido trabalha e a esposa fica em casa (ou vice-versa), uma vez casados, os objetivos de vida e financeiros devem ser os mesmos e, portanto, as receitas também são de ambos, mesmo que apenas um esteja trabalhando enquanto o outro cuida da casa e dos filhos. Se ambos trabalham e têm renda, essa deve ser somada e depositada numa conta em conjunto para que ambos tenham acesso e possibilitando total transparência. Muitos casais não têm essa conversa antes do casamento e acabam depois vivendo como dois amigos que moram na mesma casa. Cada um com seus gastos e dividindo algumas contas como se fossem *roommates/colegas de apartamento*. Isso definitivamente não funciona e leva a diversos atritos e problemas no futuro. Por que a beltrana está gastando em roupas demais? Por que o fulano comprou um carro sem consultar a esposa? Por que o responsável esqueceu de pagar o aluguel? Ou adquiriu uma dívida grande? Fica impossível planejar para o futuro, construir um orçamento e alcançar a independência financeira juntos, se cada um está fazendo uma coisa diferente e o casal não tem foco algum. Manter tudo separado também não é nenhuma proteção no caso de um divórcio no futuro. A regra geral, que é de comunhão parcial de bens, vai somar tudo que foi gerado após o casamento e dividir metade para cada um. Ou seja, legalmente vocês estão juntos nessa jornada e não apenas emocionalmente. Dessa forma, é imprescindível discutir sobre finanças antes do casamento e confirmar que vocês têm objetivos semelhantes e evitar surpresas futuras.

Estudos mostram que 37% dos casamentos que terminaram em divórcio tem como uma das causas dificuldades com dinheiro e 75% citam a falta de comprometimento como outra das causas. A falta de comprometimento também abrange questões de ordem financeira como não seguir objetivos traçados, não cumprir com decisões tomadas, entre outras coisas, incluindo o que é chamado de infidelidade financeira.

Em alguns casos, o casal conversa antes de casar-se, fala que tem objetivos semelhantes, prepara um orçamento em comum, acumula as receitas e pagamentos numa conta conjunta, mas mesmo assim uma das pessoas acaba fazendo uma compra maior escondida ou sem consultar o parceiro. Eu já soube de pessoas que sacavam valores menores no atm para depois juntar e comprar roupas ou outros itens sem chamar a atenção do parceiro. Em casos extremos, pessoas abrem uma conta individual em outro banco ou usam cartões de crédito sem o conhecimento do parceiro e adquire dívidas bastante volumosas que podem ficar ocultas por anos. Obviamente esse tipo de infidelidade também pode arruinar o casamento, além de destruir as finanças do casal.

Eu e a minha esposa sempre conversamos e planejamos em conjunto para obter o quanto antes a liberdade financeira. Mesmo tendo uma renda muito boa, mantivemos um padrão de vida aquém do que poderíamos ter porque queríamos acelerar nosso objetivo final. Para evitar discussões sobre itens supérfluos de menor valor, nós tínhamos no nosso orçamento uma linha para compras de itens desse tipo, que a gente chamava de *mad money* ou dinheiro louco. Como não tínhamos dívidas e contávamos com uma boa renda, estabelecemos um valor no nosso orçamento que cada um podia usar para comprar o que quisesse sem o questionamento do outro.

Era a compra do dinheiro louco e podia ser em roupas, eletrônicos e qualquer outro capricho desde que ficasse dentro do valor combinado. Em alguns casos, se quiséssemos gastar em algo de maior valor, a gente guardava por alguns meses até ter o suficiente para esse item mais caro. Essa estratégia ajudou bastante a não termos aquelas discussões que alguns casais têm frequentemente sobre o que comprou e deixou de comprar sem avisar. Obviamente para compras maiores ou viagens, a gente discutia em conjunto e decidia juntos se valia a pena ou não, tendo controle de quando e quanto gastar. Eu sugiro que então os casais conversem e estabeleçam o seu *mad money* após terem feito o pagamento de suas dívidas. Lembre-se de que não devemos gastar nada nos bens supérfluos até termos todas as dívidas pagas.

O leitor casado que está lendo este livro e quer seguir esses passos para buscar sua independência financeira deve dividir esses conceitos com seu parceiro ou parceira. Se uma das pessoas do casal está lá trabalhando a mais, guardando cada centavo para pagar as dívidas e regular a situação enquanto a outra está vivendo como vivia antigamente e gastando mais do que devia, vocês não vão conseguir atingir o objetivo ou vão levar muito mais tempo para atingi-lo. Além disso, isso é um prato feito para o início de várias discussões e brigas. É muito importante que, se realmente você quer acumular riqueza e pagar as dívidas passadas, você trabalhe em conjunto com seu parceiro ou sua parceira. Ambos podem, neste período de maior foco para pagamento de empréstimos, buscar novas formas de gerar mais renda. Um pode trabalhar mais horas por semana enquanto o outro pode buscar outras atividades secundárias. Tudo vale nesse estágio até que todas suas dívidas sejam pagas: trabalhar com entrega, cuidar de cachorro ou criança, cozinhar para fora, fazer faxina ou qualquer outra atividade que acelere seus objetivos.

Recapitulando, os passos até agora foram:

- Fazer um orçamento detalhado para cortar os supérfluos

- Fazer um pequeno fundo de emergência de R$5.000 ou um mês de despesas (o que for menor)

- Pagar todas suas dívidas através de corte severo de gastos e aumento da renda

Ao pagar suas dívidas, você vai parar de trabalhar para entregar seu dinheiro para bancos e lojas através dos juros altos que eles cobram. O dinheiro passa a trabalhar para você, que pode então começar a planejar e realizar os próximos passos: comprar uma casa própria, investir para aposentadoria e alcançar a sua independência financeira.

Criar um Fundo para Emergências

CAPÍTULO 4

Chegamos ao ponto em que você já começa a ver uma luz no fim do túnel. Sem as despesas pesando no orçamento, que agora é superavitário, o próximo passo é criar um fundo para emergências que possibilite a você e sua família viverem por 6 meses em caso de uma emergência ou perda de renda. Após o pagamento das dívidas, acaba também sobrando mais dinheiro no fim do mês, já que a parcela da renda que estava sendo usada para acelerar o pagamento dos empréstimos agora está livre. Então esse excedente vai agora ajudar a rapidamente acumular um montante que deve ser suficiente para você e sua família pagarem as principais despesas por 6 meses.

Neste caso, para calcular o valor necessário, note que não é todo o orçamento mensal multiplicado por 6. Você tem que separar no orçamento apenas os itens essenciais (moradia, comida, transporte, educação, impostos, luz e água) e aí sim calcular o que você precisa para manter esses itens por um semestre. Lembre-se de que antes de iniciar o pagamento das dívidas, você já tinha separado um pequeno fundo emergencial de R$5.000 ou 1 mês de despesas essenciais (o que fosse menor) e aplicado esse recurso em um investimento líquido como CDB com liquidez ou poupança (buscar colocar os montantes em CDBs pagando perto de 100% do

CDI ou mais e sendo resgatável, é o ideal pois tem bom retorno e uma boa liquidez). Então agora você irá adicionar o montante que falta a esse fundo.

Esse passo é de extrema importância pois tudo que queremos evitar é cair na armadilha de precisar apelar para empréstimos novamente. Agora que não estamos mais entregando nossa renda para bancos e lojas, precisamos de uma poupança para não precisar nunca mais dever para alguém e dessa forma proteger nossa renda.

De acordo com pesquisa do SPC, apenas 1 a cada 10 brasileiros consegue guardar dinheiro todo o mês e 7 a cada 10 pessoas não teriam recursos para lidar com imprevistos financeiros. Com relação ao primeiro item, se você mantiver o orçamento controlado após o pagamento das dívidas e não voltar a ter os comportamentos destrutivos como anteriormente, você já estará entre os 10% da população brasileira que consegue guardar dinheiro todo o mês. E, após terminar de construir seu fundo de emergência, você conseguirá resolver imprevistos financeiros e também até suportar uma crise mais séria, como uma perda de emprego, sem recorrer a voltar a ter dívidas. Você já está se tornando o que chamamos de unicórnio - uma raridade estatística no país.

Recentemente, tivemos um evento único nos últimos 100 anos que com certeza contribuiu para as pessoas se endividarem ainda mais. Com a pandemia gerada pelo Covid e respostas, por vezes irracionais dos governos ao redor do mundo, vários negócios sofreram muito como: turismo, comércio de rua, shoppings, entre outros. Desta forma, muita gente perdeu renda completamente ou teve uma redução significativa. Sem um fundo de emergência para ajudar a manter as contas da casa em dia, acaba-se recorrendo a empréstimos e gastos em cartões de crédito sem o pagamento da fatura total. Além de casos extremos como esse, a vida sempre pode nos surpreender com gastos inesperados ou fim de receitas. Uma emergência médica onde você perde a capacidade de trabalhar ou precisa pagar parte do tratamento com recursos próprios, perda do emprego, um item da casa própria que quebra e precisa de reparo, um acidente de carro, e muitas outras possibilidades podem ter uma consequência financeira séria se não estivermos preparados.

Note que, se você está em uma posição sem dívidas, já está bem melhor do que a maioria das pessoas no caso de uma emergência, no entanto, apenas isso pode não ser o suficiente. Você vai voltar a ficar devendo se não estiver preparado com recursos a disposição para sustentar você e sua família caso necessário. O período de 6 meses é sugerido pois acredito ser o suficiente para em caso de perda de emprego você buscar outra fonte de renda substituta. Ou no caso de algum gasto grande inesperado, seria um montante razoável para cobrir esses custos. Fique à vontade para ter um montante maior caso você ache necessário para ter uma tranquilidade maior.

Quando eu era criança, eu lembro de um período em que o Brasil estava em uma grave crise por meados dos anos 80 e meu pai perdeu o emprego. Obviamente não lembro dos detalhes da circunstância pois tinha 8 ou 9 anos de idade, mas lembro bem que tivemos que nos mudar e ficar um tempo morando na casa de meus avós. Meu pai não tinha recursos guardados para uma eventualidade que, na época (anos 80 no Brasil), era na verdade muito comum pois vivíamos crises econômicas sucessivas com hiperinflação no país. Após um certo tempo ele conseguiu um novo emprego e conseguimos mudar para um apartamento alugado, mas com certeza o período de quase um ano nos meus avós não foi agradável para os meus pais e nem para os meus avós. Muita gente não conta com família na mesma cidade ou com espaço ou disponibilidade para abrigar um parente em dificuldades, tornando uma situação dura ainda mais difícil. Essas experiências me ajudaram a formar a ideia de sempre ter recursos guardados para emergências.

Felizmente, nunca cheguei a passar pela perda de emprego na minha carreira, mas houve uma época em que isto chegou muito perto de acontecer. Eu trabalhava e morava em Nova Iorque durante a crise financeira de 2008-2009, que foi a maior crise desde a grande depressão de 1929. Por trabalhar na tesouraria de um banco, estava de frente com o desenrolar destes acontecimentos, pois era relacionado com meu dia a dia e com os produtos que eu criava e oferecia para clientes do banco (normalmente atendia a grandes empresas e outras instituições financeiras). Quando os problemas começaram a surgir, se iniciaram também os boatos sobre grandes bancos quebrando, e tivemos que parar de fazer negócios com várias instituições devido ao risco de crédito. Finalmente, alguns bancos realmente começaram a fechar suas portas como Bear Stearns (comprado por JP Morgan) e, depois, mais para o fim do ano, a crise realmente se intensificou com a quebra do Lehman Brothers, que era um banco de investimentos. Eu tinha amigos que trabalhavam lá e tudo que víamos na TV era pessoas saindo dos prédios com pequenas caixas com seus pertences. Uma das maiores instituições financeiras dos EUA quebrou do dia para a noite. O próximo a cair seria Merrill Lynch, onde um de meus melhores amigos trabalhava, mas durante o fim de semana entraram em um acordo para que o Bank of America comprasse essa instituição a preço de banana. Por muito pouco todos lá também não perderam o emprego. Eu trabalhava em um banco Europeu, mas que também estava sofrendo muito devido à contaminação da crise para o resto do mundo. Todos os dias ia trabalhar e acompanhava as bolsas de mercado caindo diariamente (2, 3, 4, 5%). O meu andar que devia ter umas 500 pessoas trabalhando em um ambiente aberto passava o dia inteiro em quase silêncio absoluto não acreditando no que viam nos dados e na tv. Eu sabia que a parte variável da minha remuneração (bônus) seria cortada em boa parte ou na sua totalidade e, além disso, se a crise continuasse, o banco em que trabalhava e minha posição também estariam ameaçados. A única coisa que me dava tranquilidade é que eu tinha recursos guardados para manter o meu padrão de vida por alguns anos já tranquilamente. Não dependia de bônus para fechar meu orçamento (o que era muito comum para as pessoas naquele ramo de trabalho que viviam contando com o dinheiro da renda variável lá na frente). Ter um fundo de emergência foi essencial não só para utilizar caso precisasse, mas também para manter minha sanidade mental nessa época. Soube de muita gente que acabou perdendo o emprego e por gastar muito mensalmente e ter grandes dívidas, acabaram quebrando totalmente após alguns meses sem renda. Após algum tempo, o ponto mais grave da crise foi passando e voltamos a conseguir produzir na nossa área e fui vendo que não tinha mais risco sério de perder meu emprego.

Vejo frequentemente pessoas que não têm mais dívidas, mas ainda não têm recursos salvos para eventualidades. Outro dia soube de uma conhecida que queria fazer um procedimento estético (que custaria perto de R$50.000) e teve que cancelar de última hora porque uma receita que ela estava esperando não entrou. Essa pessoa queria pedir então dinheiro emprestado para prosseguir com o procedimento. Eu sinceramente não consigo entender essas atitudes sem nenhuma lógica. Ela não tem nada guardado, já está se aproximando de uma idade de aposentadoria e, ao invés de guardar para uma emergência ou aposentadoria vai torrar R$50.000 para "parecer mais jovem"? As prioridades dessa pessoa estão totalmente erradas e ela deveria guardar esse recurso para potenciais problemas verdadeiros. Com certeza agora ela está sofrendo por não ter os recursos que deveriam ter sido acumulados com antecedência e que, na verdade, nem deveriam ser gastos com algo tão supérfluo. Já discutimos anteriormente, mas esse tipo de gasto só deve ser feito uma vez que você não tenha dívidas e já tenha um fundo emergencial e com a aposentadoria encaminhada através de uma boa quantidade de recursos investidos.

O efeito psicológico de não se ter dívidas e ter um fundo de emergência que possa manter você e sua família em caso de um imprevisto é muito importante. Você consegue dormir tranquilo sabendo que não vai ficar desamparado caso perca seu emprego ou renda. A paz e tranquilidade que você conquista ao chegar já nesse estágio (sem dívidas e com fundo emergencial) é enorme. Ela só vai ser ainda maior, quando você atingir os objetivos descritos nos capítulos a seguir: de obter sua casa própria e guardar dinheiro para sua aposentadoria.

A Casa Própria abre o Caminho para a Independência Financeira

CAPÍTULO 5

Agora que temos já um orçamento, pagamos todas as dívidas e temos um fundo de emergência; podemos focar em realmente começar a acumular riqueza para comprar a casa própria e para eventualmente se aposentar. Nos primeiros passos, existia uma urgência muito grande e o corte de gastos supérfluos deveria ser total, principalmente até o pagamento de todas as dívidas. Acumular o fundo de emergência também requer foco para não voltar a necessitar de empréstimos em caso de imprevistos ou perda de renda. Com esses objetivos cumpridos, podemos ajustar o orçamento para nos adequar a uma vida com um pouco mais de tranquilidade financeira. O incêndio das dívidas e de não ter nada no banco já foi solucionado. As linhas do orçamento que primeiro iam para pagamento de dívidas e depois para acúmulo de recursos para o fundo emergencial agora estão disponíveis. Você agora pode alinhar esses recursos que estão disponíveis de acordo com o tempo que você tem ou deseja para atingir os objetivos seguintes. Após esse período de muito sacrifício, onde vários gastos foram cortados e você talvez estivesse trabalhando em um segundo emprego para quitar as dívidas, você pode mudar o ritmo para algo com um melhor balanço entre lazer e trabalho/economia. Você já saiu de um buraco e agora pode voltar a curtir algumas das atividades que você fazia quando não tinha controle, porém dessa vez ainda seguindo o orçamento. Você agora vai usar o superávit do orçamento e redistribuir para talvez restaurantes, viagens entre outros; porém você deverá ter duas linhas para adicionar agora: contribuição para aposentadoria e casa própria. O primeiro desses itens será discutido no próximo capítulo, mas vamos então falar do segundo item, porque é importante termos uma casa própria e como isso vai liberar nossa renda para aumentar nossos investimentos no futuro.

Ao pesquisar para escrever esse livro, eu fiquei bastante surpreso com o número de brasileiros que já tem casa própria. De acordo com um estudo, em torno de 70% dos habitantes do Brasil tem casa própria (sendo que 8% ainda tem empréstimo). Dos restantes, 27% alugam e 3% moram em casa cedida ou emprestada. Esse número é maior do que na população americana, onde 65% dos habitantes têm casa própria. No Brasil, cerca de 90% das pessoas com casa própria não têm financiamento, enquanto nos EUA, apenas 37% já pagaram toda sua casa própria. No entanto, o valor médio da casa nos Estados Unidos é de US$350 mil (em torno de R$1.750.000 de acordo com a taxa de conversão entre dólar e real no período em que este livro foi escrito) enquanto no Brasil, nas maiores 50 cidades, o preço médio por metro quadrado é de R$9.000 aproximadamente; assim, um apartamento padrão de dois quartos e 65 m² custaria então R$585.000. Dados acima foram calculados com valores de 2023. Cidades menores do Brasil têm custo normalmente menor, mas usando o valor das maiores cidades, casas nos EUA custam em média 3 vezes mais aproximadamente.

Este estudo também mostrou que, no Brasil, as pessoas que alugam a moradia gastam em média 31% da renda líquida, mas isso não inclui IPTU e condomínio. Quem financia, gasta em média 27%, também sem a inclusão dessas taxas. O valor recomendado normalmente por especialistas de mercado é não gastar mais do que 30% do seu salário/renda líquida em moradia. O valor nesse caso deve incluir o condomínio, seguro e IPTU também. Preferencialmente, eu recomendo ficar em até 25% da receita líquida para não comprometer outras linhas do orçamento e não acabar tendo que apelar para empréstimos para pagar as outras contas. Lembre-se de que, ao fazer seu orçamento, você deve checar se está dentro desse limite. Some o aluguel mensal ou a parcela de financiamento ao IPTU anual (dividido por 12), ao seguro e ao condomínio e divida tudo por sua receita líquida mensal. Esse número deve ficar preferencialmente abaixo de 0.25 (25%) mas não deve passar de maneira alguma de 0.3 (30%) para que você tenha um custo de moradia que não pressione demasiadamente o seu orçamento.

Se você está acima desse valor, vale a pena buscar alternativas para reduzir esse gasto. Se você tem mobilidade, pode buscar se mudar para localidades com menor custo de moradia. Dependendo da situação, você pode buscar um colega para dividir as despesas de aluguel também. Principalmente no início da carreira, vale muito a pena buscar alguém para morar junto. Entreviste potenciais candidatos e tenha certeza de que vocês irão se dar bem morando juntos e que tem interesses e valores semelhantes. Além de permitir que você economize nos gastos, ter alguém para dividir experiências ajuda bastante inicialmente, quando pela primeira vez você mora fora da casa dos seus pais. Quando fui morar em Londres, eu estava alocado lá como local e, portanto, não tinha ajuda de custo para moradia como depois tive em outros países posteriormente naquele programa de treinamento. Nessa época decidi então dividir uma casa com mais 3 *roommates/colegas de apartamento*. Foi uma ótima decisão pois para morar numa área que não fosse muito distante do meu trabalho (ou seja, que ficasse numa linha de metrô que atendesse a meu escritório) e num apartamento ou casa legal, eu iria gastar muito mais morando sozinho. Lembro que um apartamento studio ou de 1 quarto nessa área custaria em torno de 1.000 libras esterlinas, porém a casa de 5 quartos que alugamos era em torno de 2.400 libras esterlinas, o que dava em torno de 600 libras para cada (impostos e condomínio inclusos). Então morei esse ano com mais um brasileiro, um americano e um canadense. Tínhamos até um quarto para visitas que recebíamos frequentemente, já que todos estávamos morando num país distante de seus países de origem. Foi uma ótima experiência pois, além de economizar, também sempre tínhamos alguém para conversar, ir a um bar, num filme etc. Assim, já no começo da minha carreira, estava gastando abaixo dos 25% da minha renda, mesmo na época não sabendo bem dessa regra. Mantendo esse patamar de gastos, pude aproveitar esse ano na Europa com algumas viagens, vivia confortavelmente (mas sem luxos) e ainda guardava dinheiro para no futuro comprar uma casa própria e um veículo quando fosse alocado permanentemente em algum local. Lembro que em uma das viagens paguei 6 euros por um dos trechos de avião para Roma em uma companhia aérea de baixo custo (acho que ida e volta saiu por 70 euros) e só pude fazer essas viagens porque tinha essa sobra no orçamento e o principal gasto (moradia) estava sob controle.

Outro aspecto importante ao escolher nossa moradia é a localização. Às vezes estar em um bairro ao lado do que você buscava originalmente, a literalmente 3 minutos de distância, já faz toda diferença no custo ou do aluguel ou do valor para a compra. Se você está um pouco mais distante, mas vai fazer uma economia grande, às vezes vale a pena gastar um pouco mais em transporte ou em tempo para chegar no trabalho. Na primeira vez que morei em NY em 2003 ainda estava no programa de treinamento e, portanto, tinha moradia paga. Nessa época eu obviamente morava perto do meu local de trabalho, que era em Midtown Manhattan e ia a pé para o trabalho. Porém quando voltei em 2006 com um contrato local, onde eu tinha que pagar todas as contas, optei por morar do outro lado do rio em uma cidade chamada Jersey City (era inclusive outro estado, chamado New Jersey). Ao invés de gastar perto de US$3.000/3.500 por mês para ficar num apartamento semelhante ao que eu tinha vivido em Manhattan, fui viver num local que custava em torno de US$1.800 na época pelo mesmo tipo de apartamento. Gastava em torno de US$100 a mais por mês para chegar ao trabalho e também 35 minutos para cada perna ao invés de 10 minutos caminhando que teria antigamente, mas a minha economia era de US$12.000 ou mais por ano. Meu custo de moradia, que ficaria bastante pressionado em NY, ficou dentro dos limites morando em Jersey City. Óbvio que não era tão bonito, dinâmico ou conveniente como morar em Nova Iorque, mas me possibilitou guardar mais dinheiro para comprar meu apartamento lá posteriormente. Quanto maior a entrada, menor será sua parcela do financiamento e potencialmente também menor será sua taxa de juros, pois o emprestador vê um risco de crédito menor nesse caso. Após um ano lá, recebi um aumento significativo e, ao invés de mudar para Manhattan, onde também ficaria abaixo de 25% da minha renda, optei por permanecer em NJ e manter gastos nessa linha abaixo de 15%. Isso me permitiu acumular fundos muito mais rapidamente para comprar meu apartamento.

A localização certa pode ajudar muito com o custo do aluguel, mas o mesmo vale no momento de comprar um imóvel próprio. É muito importante planejar a compra, guardar os recursos para a maior entrada possível e calcular todos os custos que você terá no futuro (condomínio, IPTU, seguro). Quando mudei para São Paulo em 2013, eu tinha recursos para pagar o apartamento à vista já em um local próximo ao trabalho, mas eu e minha esposa optamos por ficarmos um pouco mais distantes pois ficaríamos perto da família dela e, principalmente, um apartamento similar lá seria muito mais barato do que onde eu trabalharia. Também optamos por morar no bairro do lado oposto da marginal em que ficava meu escritório, já que o custo de um apartamento de mesmo tamanho e características caía praticamente pela metade por cruzarmos uma ponte. Era uma área ainda em desenvolvimento, porém achamos que valia a pena deixar a diferença aplicada ao invés de trazer mais recursos para o Brasil para a compra de um apartamento muito mais caro. Essa decisão, pelo tempo que morei no Brasil, me custou provavelmente uns 15 minutos a mais de trânsito por dia, mas gerava bastante rendimento com a parte do recurso que ficou aplicada. Além disso, o dólar dobrou de valor com relação ao real entre o período que compramos o imóvel e sua venda. Tive uma perda em dólares nesse caso mesmo com o apartamento tendo valorizado bastante em reais, porém foi uma perda muito menor do que se tivesse comprado o apartamento mais caro perto do trabalho. Imóveis em geral valorizam com o tempo e esse foi o caso em reais. Mas em dólares acabou sendo uma perda para a gente.

Hoje em dia, esse conceito de escolher um local para moradia mais econômico pode ser expandido ainda mais com muitas pessoas trabalhando de casa. Se você precisa ir ao escritório zero, uma ou duas vezes por semana isso pode aumentar muito o leque de opções de locais onde você pode morar. Obviamente se seu trabalho é totalmente remoto, você pode morar em qualquer lugar do mundo, mas provavelmente buscando ficar num fuso horário próximo. Pensando apenas no Brasil, se você trabalha remoto e gosta de locais calmos, você pode ir para o interior do seu estado ou até para mais longe, se assim preferir. Se você precisa às vezes ir até o escritório, você pode optar por locais muito mais baratos e seguros que ficam a até 2 horas de distância do seu trabalho. Fazer uma hora de ida e outra de volta é bastante comum para quem mora em cidades grandes, mas a maioria dos brasileiros (65% de acordo com pesquisas nacionais) gasta menos de 30 minutos para chegar ao trabalho. Eu não sugeriria ter um deslocamento diário de 1 hora ou mais se você vai até o local de trabalho 5 vezes por semana (embora saiba que muita gente passa por isso); porém, essa é uma boa estratégia para quem tem maior flexibilidade e quer buscar uma habitação com menores custos e, muitas vezes, melhor qualidade de vida. Você pode às vezes achar uma boa casa com um bom quintal e maior segurança por um valor de aluguel ou de preço para compra bem menor, ficando um pouco distante dos centros urbanos. Obviamente temos que considerar se isso também está alinhado com o estilo de vida das pessoas.

No capítulo 3, discutimos sobre evitar ter dívidas e, caso esteja devendo, pagar as dívidas o mais rápido possível. Isso vale para a compra de qualquer bem ou atividade (carro, roupa, eletrodomésticos, viagens, educação etc). A única exceção em que é aceitável o endividamento é para a compra da casa própria, isso, é claro, se não for possível a compra à vista. E existem duas razões bastante simples para explicar isso. Em primeiro lugar no seu orçamento já existe um gasto de moradia que é o aluguel e, portanto, mesmo precisando financiar o imóvel, você estaria apenas substituindo uma despesa por outra e, desde que fique dentro dos 25% ou no máximo 30% da receita líquida (incluindo seguro, condomínio e IPTU), você não estará exercendo uma pressão grande no seu orçamento. Em segundo lugar, os imóveis de maneira geral são bens que se apreciam e são normalmente protegidos contra inflação. Ao contrário de carros, tvs, roupas e outros bens, os imóveis normalmente sobem de valor com o tempo. Na década de 2009 a 2019, os imóveis no Brasil se valorizaram, em média, a 9.4% ao ano, que foi acima da inflação do período. Obviamente existem períodos de desvalorização em determinados momentos, porém, como investimento de longo prazo, em geral é um bem que deve minimamente acompanhar a inflação. Já comentei aqui sobre o período da grande crise financeira nos Estados Unidos de 2008 e 2009. Aquela crise foi principalmente causada por financiamento de imóveis para pessoas que não estavam colocando nenhum valor de entrada praticamente e não tinham depois condições de pagar o financiamento (*subprime mortgages*). Esse efeito em cascata causou a tomada de milhares de imóveis pelos bancos ao mesmo tempo e, como não tinha nenhuma entrada, os bancos acabaram sofrendo perdas enormes, pois a avalanche de oferta de casas derrubou os preços e, assim, bancos e investidores não conseguiam cobrir o custo do empréstimo com o imóvel vendido. Essas perdas foram catastróficas e muitos bancos faliram levando o mundo todo a uma crise não vista desde a grande depressão iniciada em 1929. O valor dos imóveis nos EUA em 2006 estava no seu pico histórico e começou então uma queda de valor médio que durou até 2012 e os imóveis perderam nesse período 27% do seu valor em média! Quem vendeu o imóvel nesse período realizou perdas que não aconteciam há décadas. No entanto, quem manteve seu imóvel ou aproveitou a oportunidade para investir nesse mercado, viu sua propriedade se valorizar novamente superando em muito o pico anterior. Os imóveis nos EUA agora estão com valor 130% acima do mínimo de 2012 e 67% acima do pico de 2006. A inflação desse período (2006 a 2023) foi de ao redor de 44% e então os imóveis, a longo prazo, mantiveram seu valor e ainda tiveram ganhos reais (acima da inflação).

Note que essa exceção vale apenas para casa própria. Especular em imóveis com a obtenção de empréstimos não é uma boa alternativa na minha opinião e vamos discutir melhor os motivos no próximo capítulo quando falaremos sobre investimentos. Mas adianto que a especulação imobiliária baseada em empréstimos foi uma das principais causas da crise de 2008-2009. Muita gente perdeu tudo o que tinha nesse período e ainda ficou devendo o que não tinha.

A decisão de comprar a casa própria não é apenas financeira. Você tem que decidir se quer ficar em um devido local por bastante tempo, se gosta da vizinhança e de como você acha que ela será no futuro, se sua carreira está estável em determinada cidade e você não tem planos de buscar novos desafios em outros lugares etc. E, obviamente, também é muito importante considerar os fatores financeiros.

Muita gente fala que aluguel é desperdício de dinheiro, que sempre deve-se buscar comprar a casa própria imediatamente, mas nem sempre esse é o caso. Alugar por um determinado tempo pode ser recomendado em muitas ocasiões. Quando você está iniciando sua carreira e ainda tem possibilidade ou vontade de mudar para outros lugares, por exemplo, não vale a pena comprar um imóvel. Mesmo tendo os recursos, se você depois é transferido, é muito complicado cuidar de um imóvel a distância. Isso aconteceu comigo em duas oportunidades onde tinha um imóvel e fui transferido para outra localidade, na verdade outro país. Em cada uma das vezes agi de uma maneira: com relação ao meu primeiro apartamento de São Paulo, que havia comprado meses antes de ser transferido em 2006, acabei optando por alugar para um conhecido e então consegui evitar o pagamento de um percentual dessa receita para uma administradora de imóveis. Mesmo assim, sempre ficava preocupado se o apartamento estava sendo bem cuidado, se não teria alguma despesa inesperada e, posteriormente, quando decidi vender porque precisava dos recursos para comprar um apartamento onde estava no EUA, a pessoa que o estava alugando relutou bastante em sair e gerou uma situação um pouco desagradável. Eu ganhei dinheiro com a venda do imóvel depois, mas teria ganho tanto ou mais se tivesse vendido ele inicialmente e aplicado em alternativas seguras e conservadoras como CDBs atrelados a CDI. Na segunda oportunidade, tinha comprado o apartamento nos EUA fazia menos de dois anos e também fui transferido, desta vez para Hong Kong em 2010. Tendo aprendido com a experiência anterior, optei por vender o apartamento (até perdi em torno de 5% pois era 2010 e foi logo após a crise de 2008). Mas eu realmente não queria lidar com os transtornoses de ter inquilinos, estando literalmente do outro lado do mundo. Nas oportunidades em que achava que ficaria em um local por pouco tempo como em Londres, sempre optei então por alugar.

Outra razão importante para alugar é se ainda não se tem recursos para uma boa entrada ou se depois as prestações mais outros custos ficarão acima dos 25% da receita líquida (30% no máximo). Nesse caso é melhor alugar por mais tempo (com a opção de ir até para um local com aluguel mais barato) enquanto se prepara e se acumula dinheiro para aí sim comprar a casa própria. Então existem fases da nossa vida em que alugar é, sem dúvida, a melhor alternativa.

Conforme discutido anteriormente, seu custo total com moradia não deve passar de, preferencialmente, 25% da sua renda líquida, mas nunca de 30% e isso inclui a parcela de financiamento, IPTU, seguro e condomínio. Uma vez que você tenha uma boa entrada (sugiro um mínimo de 20% do valor do imóvel, mas quanto maior melhor), você pode buscar um financiamento e checar se a compra vai caber no seu orçamento. Não vou entrar em detalhes dos tipos de financiamento, mas normalmente eles são de 3 tipos no Brasil: tabela Price (que é praticamente uma unanimidade nos EUA e tem uma parcela constante), SAC (sistema de amortização constante que tem parcelas bem mais altas no início e vão caindo com o tempo) e SACRE (sistema de amortização crescente que é um meio termo entre os dois e a parcela não fica nem tão alta no começo e nem tão baixa mais para o final). No Brasil, ainda existe a correção monetária do contrato (algo que não é comum nos EUA) e seu valor devido e juros são corrigidos anualmente por uma taxa pré-estabelecida no contrato que pode ser a TR (taxa referencial ou algum índice de inflação como IPCA, INCC ou IGP-M). Então tenha bastante cuidado na hora de checar como vai ser seu fluxo de pagamentos no futuro para ter absoluta certeza que cabe no seu orçamento.

No primeiro apartamento que comprei em São Paulo, em 2005, eu obtive um financiamento que tinha correções desse tipo. Os valores estavam previstos no meu orçamento então não foram nenhuma surpresa e, após algum tempo de quando fui transferido para o exterior, acabei quitando o apartamento mais por questões de logística pois estava ficando difícil de pagar as parcelas enviando fundos pro Brasil (na época não era tão simples como hoje transferir fundos usando a internet, bancos online etc). Mas, inicialmente, eu não tinha o valor para pagar o apartamento à vista e não sabia que seria transferido logo depois, portanto optei pelo financiamento. Se você tem o dinheiro para pagar sua moradia, mesmo que o dinheiro aplicado possa render um pouco mais eu não aconselho tentar arbitrar o mercado financeiro. Arbitrar nesse caso significa tentar ganhar um pouquinho a mais no dinheiro que está investido a uma taxa de juros um pouco maior do que o juros do financiamento imobiliário. A razão para isso é bastante simples: enquanto seu dinheiro investido tem risco (de crédito, de juros, de mercado) o seu empréstimo tem que ser pago se você tem ou não o dinheiro. Se você pagar sua casa, é 100% de certeza que a parcela do seu orçamento que antes seria usada para pagar o financiamento agora está livre para aí sim você investir no mercado ou na sua aposentadoria, mas agora com a segurança de você ter sua casa totalmente paga. Sem o maior custo do seu item moradia (aluguel ou parcela do financiamento) você consegue aumentar em muito o que você guarda por mês e acelerar bastante sua independência financeira.

Ter o seu imóvel pago te dá uma tranquilidade imensa pois agora você precisa de uma renda muito menor para manter a sua casa. Eu lembro que quando mudamos para os EUA em 2017, eu optei por fazer exatamente o que hoje não recomendo: eu obtive um empréstimo a juros baixos (3% ao ano que seria reajustado após 7 anos) e deixei o valor que poderia ter usado para pagar a casa investido. Nesse momento eu já vivia de renda e, como aqui nos Estados Unidos também tem uma vantagem fiscal para manter o financiamento (o juros real que pagava era mais próximo de 2% aa) , decidi manter meu dinheiro em ações e dívidas de empresas. O plano estava indo bem até que a pandemia da covid chegou e os mercados inicialmente reagiram muito mal. Então eu vi meu patrimônio cair quase 20% em um momento em que minha casa aqui não estava paga. Eu não iria então vender e pagar o que devia no meu imóvel nesse momento pois estaria realizando minha perda. Eu sei que sair no momento de pânico de mercado é a pior coisa que podemos fazer pois eventualmente tudo se normaliza e o mercado (bolsa, títulos) voltam a subir de valor. Eu passei nessa época por um estresse desnecessário e foi o único momento desde que havia decidido me aposentar em que fiquei realmente preocupado. Ao menos eu tive a paciência de aguardar um ano até os mercados se recuperarem e então eu vendi parte dos investimentos e quitei minha casa. Até vendi os ativos que tinha acima do que estavam antes da pandemia, mas discutirei melhor investimentos no próximo capítulo. Note que, por uma ganância que na verdade não iria gerar uma renda que fizesse uma diferença real no meu dia a dia, eu passei meses preocupado e estressado porque minha casa não estava quitada. Por favor, aprendam sempre preferencialmente com os erros dos outros e não com os seus. Se for necessário o financiamento acredito que valha a pena, mas se você tem como pagar à vista ou acelerar a quitação da dívida, é isso que você deve fazer.

Para facilitar o entendimento desse ponto, podemos fazer um exercício mental: se você tivesse sua casa própria paga, você tomaria um empréstimo a dando em garantia para investir no mercado financeiro? Eu garanto que 99% das pessoas responderiam que não. Então por que deixar um dinheiro investido (com certo risco) ao invés de pagar a casa e ter a tranquilidade de não ter mais pagamentos? Se financio R$1 milhão para comprar a casa própria a 11% a.a. e deixo esse montante investido a 12% a.a., vou ter o risco do valor investido ter uma queda, ou uma mudança de rendimento entre outros para, ao longo de um ano, ganhar apenas R$10 mil nessa arbitragem. É um valor menor do que uma parcela que você está pagando mensalmente. Na minha opinião e com a experiência de já ter feito essa bobagem, não vale a pena e rapidamente você consegue repor esse investimento uma vez que a casa esteja quitada e você não tem mais as parcelas da casa própria para pagar mensalmente. Apenas para deixar claro, não estou falando de dinheiro guardado em previdência privada ou outros programas de aposentadoria. Se o dinheiro foi guardado com esse fim, aí não recomendo mexer nele, até porque previdência privada e outros tipos de investimento para aposentadoria tem multas e/ou impostos pesados quando sacados antes do tempo.

No caso de realmente precisar do financiamento, tente também manter um espaço no seu orçamento para quitar o imóvel o quanto antes. Eu acho que ter a casa própria é um dos, e talvez o principal fator para você dormir com tranquilidade. Se você tem o dinheiro e ele está investido no mercado, não tente se enganar e falar que quando quiser você pode pagar a casa porque num momento de crise, parte daquele dinheiro pode não estar mais lá e você vai passar por níveis de arrependimento e preocupações que poderiam certamente ser evitados.

Outra vantagem de pagar o quanto antes o financiamento é evitar as surpresas da correção monetária. Num ano de inflação alta sua parcela e montante da dívida podem facilmente aumentar 4%, 5% ou até 10% ao ano. Temos que evitar contar com a competência de nossos governantes para manter inflação sob controle pois sabemos que o histórico no Brasil não é nada bom. No meu caso aqui, a taxa de juros do meu empréstimo seria reajustada ano que vem de 2% para (se mantivermos a taxa de hoje) em torno de 7% ao ano e minha parcela mais que dobraria de valor ao mês. Essa é uma preocupação que não tenho mais e por isso sugiro a todos a fazerem o mesmo: pague seu financiamento o mais rápido possível.

Com relação ao prazo do financiamento imobiliário, tente pegar o prazo mais curto possível cuja parcela caiba no seu orçamento (lembre da regra dos 25% em moradia) e evite passar de 20 anos. Quanto mais longa a duração do empréstimo, maior será a quantidade de juros que você vai pagar durante o contrato. Por exemplo, assumindo um imóvel de R$1 milhão e taxas atuais de em torno de 11% ao ano, vamos comparar o efeito de quanto você paga de juros em 4 cenários diferentes usando a tabela SAC que é comum no país:

Cenário 1- Entrada de 20% e 30 anos de financiamento: no final do contrato, após 360 meses, o total de juros pago é de $1.261.267.57 que somado ao principal pago de R$800.000 ao longo do tempo mais a entrada de R$200.000 chega a quantia final de R$2.261.267.57 pagos pelo imóvel que tinha preço original de R$1.000.000,00. Nesse caso a primeira parcela será de R$9.209 e a última de R$2.241 (sem considerar a correção monetária).

Cenário 2- Entrada de 30% e 30 anos de financiamento: no final do contrato, após 360 meses, o total de juros pago é de $1.103.618.45 que somado ao principal pago de R$700.000 ao longo do tempo mais a entrada de R$300.000 chega a quantia final de R$2.103.618.45 pagos pelo imóvel que tinha preço original de R$1.000.000,00. Nesse caso a primeira parcela será de R$8.058 e a última de R$1,961 (sem considerar a correção monetária).

Cenário 3- Entrada de 20% e 15 anos de financiamento: no final do contrato, após 180 meses, o total de juros pago é de $632.385,21 que somado ao principal pago de R$800.000 ao longo do tempo mais a entrada de R$200.000 chega a quantia final de R$1.632.385,21 pagos pelo imóvel que tinha preço original de R$1.000.000,00. Nesse caso a primeira parcela será de R$11.432 e a última de R$4.483 (sem considerar a correção monetária).

Cenário 4- Entrada de 30% e 15 anos de financiamento: no final do contrato, após 180 meses, o total de juros pago é de $533.336,36 que somado ao principal pago de R$700.000 ao longo do tempo mais a entrada de R$300.000 chega a quantia final de R$1.533.336,36 pagos pelo imóvel que tinha preço original de R$1.000.000,00. Nesse caso a primeira parcela será de R$10.003 e a última de R$3.922 (sem considerar a correção monetária).

Para simplificar não fiz nenhuma correção monetária nos cálculos acima, mas é possível concluir que quanto maior a entrada e menor o prazo, menos dinheiro você pagará para o banco em juros. Comparando os casos mais extremos, onde no cenário 1 temos prazo de 30 anos e 20% dado como entrada versus cenário 4 com prazo de 15 anos e 30% de entrada; nota-se que se pagaria mais do que o dobro em juros ao longo do tempo no primeiro caso. São ao redor de R$727 mil reais que serão pagos ao banco a mais em juros do que o caso menos oneroso. Obviamente, para pagar em prazo menor as parcelas serão maiores. No caso 4 elas iniciam em R$10 mil e terminam próximo de R$4000. No caso 1, a parcela inicia em R$9,2 mil e termina perto de R$2.2 mil. De qualquer maneira, se você conseguir fazer o sacrifício de guardar um pouco mais de dinheiro e dar uma entrada um pouco maior, a diferença das parcelas não é tão grande (menos de R$1000) e o benefício ao longo do tempo é enorme. Esse benefício seria ainda maior se o financiamento for do tipo tabela Price ou SACRE.

Tente, então, sempre minimizar o prazo e maximizar a entrada dada, desde que a parcela final (mais IPTU, condomínio e seguro) caiba no seu orçamento em até 30%, mas preferencialmente ficando em 25%. Uma das piores coisas que podemos fazer é comprar algo como uma casa no impulso, sem fazer os cálculos corretamente e depois ver que o custo chega a 40%, 50% ou mais do orçamento. Isso significa que você será um dono de casa própria "pobre" e sem recursos para fazer mais quase nada como economizar para aposentadoria, comprar outros itens essenciais e ter atividades de lazer. Além disso, a casa própria traz outros custos que são inesperados. Quem estava acostumado a morar em imóvel alugado não percebe muitas vezes os custos ocultos para manter a propriedade. São vazamentos, problemas no telhado, ar-condicionado quebrado e outras centenas de problemas e itens que devem ser mantidos e que podem gerar um gasto surpresa para o proprietário. Assim, se você já está gastando 40% ou 50% do orçamento, vai ficar muito difícil pagar por consertos em caso de emergência. Agora, se você tem o orçamento sob controle e o fundo de emergência discutido anteriormente, você pode usar parte do fundo e depois apertar um pouco o orçamento até que ele esteja de volta ao nível adequado (6 meses de despesas no mínimo).

Outra dica para quem tem sua casa própria é aprender a fazer certos consertos ou serviços da casa. Para nós que moramos nos EUA, o setor de serviços é muito caro em geral e nem sempre é tão bem-feito, portanto, aprender a fazer o mínimo vale bastante a pena. Por exemplo, inicialmente eu tinha alguém para cortar a grama da nossa casa na Flórida e nos cobravam US$100 ao mês. Ou seja, US$1.200 por ano que iam para esse serviço que era feito a cada 10 dias na época de chuva (verão) mas depois a cada 20 dias em época normal. Eu já estava pensando em cortar a grama e a gota d'água foi que eles, ao cortar a grama com maquinário mais pesado, acabaram batendo e danificando nosso equipamento de piscina. Eles negaram terem estragado o equipamento então acabei optando não por trocar apenas a empresa, mas por tentar fazer eu mesmo. Gastei em torno de US$700 em equipamentos (cortador elétrico, aparador de cantos, soprador de folhas, etc.) e fiquei bastante satisfeito com os resultados. Agora é até um momento terapêutico para mim. Eu descobri que gosto de fazer esse tipo de coisa e hoje cuido da grama e de aparar os arbustos ao redor da casa e quintal. Gasto em torno de 1 hora e meia para isso, mas, em 5 anos que faço esse trabalho, descontando o investimento inicial de US$700, economizei US$5.300 dólares e continuarei a economizar mais de US$1.200 por ano pois preços para esse serviço já subiram nos últimos tempos.

Aqui, qualquer serviço custa no mínimo $100 para a visita, e então já aprendi (via vídeos no *youtube*) a consertar e instalar muitas coisas. Consertei já patente (também conhecida como privada para o pessoal não gaúcho), armários, disjuntores, sensores de pressão da bomba da piscina, montei nosso sistema de câmeras e alarme, entre outras coisas.

Outro dia chamei alguém para fazer a manutenção do meu ar condicionado central (precisa de muitos equipamentos especiais que não tenho) e o funcionário que veio me falou que teria que substituir o capacitor e uma outra peça de uma das unidades pois estavam já mostrando sinais de falha. O orçamento deles foi de US$875 e então falei que ia pensar. Vi vídeos no youtube e busquei o preço das peças. Acabei gastando US$27 nas peças e fiz eu mesmo a substituição. Obviamente esse tipo de coisa tem que ser feito com muito cuidado e ter muita certeza do que se vai fazer, para não destruir o aparelho em questão ou, pior ainda, tomar algum choque ou sofrer alguma lesão. Esse aparelho, por exemplo, opera em 220V e, portanto, tive que desligar os disjuntores para não ter risco.

Algumas coisas não consigo e/ou não tenho aparelho para consertar e aí não tem jeito e temos que arcar com o custo (por exemplo, tivemos um vazamento em um cano externo da nossa casa e tive que chamar um encanador que resolveu tudo em 10 minutos- mas lá se foram US$175). Agora também queremos colocar luzes decorativas na casa (para natal, halloween etc). Acho que vai ser arriscado eu subir numa escada para colocar as luzes no segundo andar pois confesso ser meio desastrado, então vamos contratar alguém para fazer isso.

Desta forma, sugiro para os donos de casa que tenham bom senso, mas, se for possível, façam vocês mesmo pois é mais econômico e vocês podem ainda acabar gostando da função. Eu adoro quando consigo consertar algo que ainda por cima evita gastos extras. Para outras despesas inevitáveis, aí deve-se usar parte do fundo emergencial e depois recolocar o que foi retirado do fundo.

Ter a sua casa própria é um dos passos mais importantes para chegar na independência financeira uma vez que você esteja estabelecido. Não quer dizer que vá ser a sua última casa: no futuro você pode estar melhor na carreira e querer ir para uma casa maior ou, na outra ponta, talvez seus filhos já se formaram e saíram de casa e você queira ficar numa casa mais apropriada para apenas você e sua esposa com menos trabalho para mantê-la. O importante é sempre chegar no objetivo de ter sua casa paga e, portanto, liberando boa parte do orçamento para avançar seus outros objetivos como a aposentadoria. Note que, após fazer o orçamento, pagar suas dívidas e ter o fundo emergencial, que devem ser feitos nessa ordem, o resto dos objetivos podem ser buscados em paralelo: pagar a casa própria, investir na aposentadoria e começar a viver a vida. Já conversamos sobre a importância da casa própria e agora vamos discutir sobre outro dos pilares para atingir a paz financeira: investir na sua aposentadoria.

Investir na sua Aposentadoria

CAPÍTULO 6

Agora chegamos finalmente no ponto que é o objetivo financeiro final da maioria das pessoas: chegar na posição em que você tem recursos suficientes para aposentadoria e que você só vai continuar a trabalhar se assim quiser e como quiser. Para se aposentar, obviamente não é possível confiar no governo e no que vai ser pago pela previdência no futuro. Historicamente, os rendimentos dos aposentados pagos pelo governo sempre caem com o tempo e então não vou considerar isso nos cálculos para chegar na independência financeira. Sei que algumas profissões e funcionários públicos do Brasil e no exterior contam com tratamentos especiais e terão posteriormente seu salário integral, ou boa parte dele, preservado na aposentadoria. Esses são casos em que obviamente não é necessário fazer uma contribuição privada tão grande e iniciar tão cedo, mas são as exceções. Aqui nos EUA é comum para certas profissões como militares, bombeiros, professores, policiais, etc, tenham uma pensão após um certo número de anos trabalhados (20, 25, 30 anos dependendo da profissão) onde receberão um certo percentual do pico de seus salários enquanto ativos (60%, 70% etc). Isso varia de acordo com profissão, estado etc. Para a maioria das pessoas, no entanto, tanto no Brasil como nos EUA, a aposentadoria paga pela previdência pública tem um limite relativamente baixo e que muitas vezes não permite que a pessoa mantenha o mesmo padrão de vida se não tiver mais recursos para complementar a aposentadoria. Além disso, as datas para aplicação da aposentadoria foram elevadas, então você tem que trabalhar no mínimo até uma idade avançada que chega a ser de 65 anos no Brasil e de 70 anos nos EUA para ter o benefício máximo (é possível se aposentar um pouco antes com benefício reduzido). Outros motivos para evitar depender de aposentadoria do governo são a possibilidade de alterações na legislação que limitem ou cortem benefícios; e até uma insolvência do governo ou fim desses programas no futuro. Alguns países hoje em dia não têm programa para aposentadoria como, por exemplo, Hong Kong. Quando vivi lá, não tinha nenhum desconto para contribuição previdenciária, já que o benefício não existia nas leis locais.

O ponto principal é que devemos nós mesmos nos preparar, o quanto antes, para podermos viver com os recursos acumulados durante os nossos anos de trabalho. Dependendo de quando começamos a guardar, da quantia e por quanto tempo, poderemos chegar a uma aposentadoria mais cedo ou mais tarde na vida. O importante é entender que, se seguirmos as regras discutidas aqui, cedo ou tarde chegaremos lá com milhões de reais para nos sustentar no futuro. Ninguém vai ficar bilionário guardando mensalmente aos poucos, mas todos que seguirem os passos discutidos neste livro e fizerem sua parte, certamente terão sua independência financeira e uma vida bastante confortável no futuro.

Recapitulando o que temos que fazer antes de investir na aposentadoria: ter o orçamento sob controle, pagar todas suas dívidas e ter um fundo de emergência que nos sustente por um mínimo de 6 meses. Com esses três pilares de sustentação, os dois passos seguintes são a casa própria (já discutido) e guardar para a aposentadoria. Esses dois passos podem ser feitos em conjunto: 25% da sua renda líquida vai para gastos com moradia e um percentual a ser discutido aqui será destinado a aposentadoria.

Nossa maior ferramenta para acumulação de riqueza é nossa renda/salário. A segunda maior ferramenta é o tempo: para investirmos ao longo de vários anos e décadas e para que o dinheiro acumulado e investido tenha tempo de crescer exponencialmente com os juros compostos. Uma vez que, nessa fase, nosso orçamento não está mais focado em pagar dívidas e excesso de gastos supérfluos, nossa renda está livre para então acumular riqueza no imóvel da casa própria e em fundos para aposentadoria. O percentual que acho recomendável para guardar mensalmente para aposentadoria é de 15% da sua receita bruta, e este é um percentual de consenso no mercado. Ou seja, some o total de quanto você ganha no ano inteiro de salário, receitas diversas, décimo terceiro, pegue esse número e multiplique por 0.15. Esse é o valor que você deve guardar mensalmente como uma regra geral. Se você está ainda no início da carreira e tem mais tempo, você pode começar com 10% e depois aumentar o percentual para 15% quando tiver mais sobra no orçamento. Obviamente que, para aqueles que estão atrasados e já estão com 40 ou 50 anos sem nada guardado, o esforço para economizar para a aposentadoria deve ser maior e 20% ou mais devem ser guardados.

A principal pergunta que temos ao falar de aposentadoria é: quanto precisamos ter para nos aposentarmos e viver de renda? Ao responder essa pergunta, é possível chegar em um percentual de quanto devemos guardar ao mês e por quanto tempo, respondendo então à segunda pergunta mais comum: com que idade posso me aposentar?

Com relação ao montante que precisamos ter para viver de renda, gosto bastante de usar a regra que temos aqui nos EUA e normalmente é usada por profissionais de finanças: você precisa conseguir viver pelo ano inteiro com 5% do que tem guardado para aposentadoria. Não estou falando da sua riqueza total que inclui sua casa e todos seus ativos menos as dívidas. Ao chegar nesse estágio da nossa vida, se seguimos corretamente os passos discutidos, teremos nesse ponto uma casa própria paga e nenhuma dívida a pagar. Então some todas as suas despesas anuais e divida o valor obtido por 0.05 (que é 5% e é o mesmo que multiplicar o valor por 20). Se por acaso você tem alguma pensão do governo ou privada, lembre-se de reduzir as despesas totais anuais pelo que você já recebe anualmente de aposentadoria para aí sim dividir o saldo por 0.05 (ou multiplicar ele por 20). Isso pode reduzir significativamente o valor necessário para a independência financeira. Então, se você tem mais dinheiro investido e gerando renda passiva do que esse montante calculado, parabéns: você já tem o suficiente para começar a sua aposentadoria.

Por exemplo, se você gasta por mês (cheque no seu orçamento) uma média de R$15.000 incluindo todos gastos, lazer, impostos, IPVA, IPTU, saúde etc; você então gasta R$180.000 por ano. Esse número dividido por 0.05 é igual a R$3.600.000 - ou seja, se você tem 3,6 milhões de reais investidos, você pode se aposentar e viver de renda, sem contar com aposentadoria paga pelo governo.

Muita gente vai achar que esse valor é muito alto e até inatingível, mas isso não é verdade. O maior problema está na nossa cultura de não guardar pensando na aposentadoria. Estudos mostram que 90% dos brasileiros acima de 25 anos não estão poupando dinheiro com este fim. Desde meu primeiro salário, eu poupei no mínimo 20% já pensando na aposentadoria e em menos de 20 anos sem parar de investir, eu consegui me aposentar aos 40 anos de idade. No meu caso, minha carreira me permitiu em alguns anos acumular 80% ou 90% do que ganhava para aposentadoria, o que não é comum, mas todos que conseguirem guardar 15% do que ganham ao longo do tempo, vão com certeza se aposentar como milionários. Vou mostrar através de exemplos a seguir como isso é possível e é fácil encontrar algumas calculadoras online que ajudam a fazer esses cálculos e permitam simular o valor dos juros, quanto se tem de montante e quanto aplicar mês a mês.

Vamos começar com um exemplo bem simples: uma pessoa com 25 anos já não tem dívidas e passa a investir 15% do seu salário mensal de R$10.000, ou seja, R$1.500 por mês e ela faz isso até os

50 anos de idade. Ela investe apenas em CDBs e investimentos seguros que rendem em média 10% ao ano. Aos 55 anos de idade, essa pessoa terá nada menos que mais de 3 milhões de reais. Se você quiser incluir a inflação nessa conta (vamos assumir 4% a.a.) e estimando que o salário da pessoa só vai ser ajustado pela inflação, ou seja, a pessoa nunca será promovida, essa pessoa acumulará, em 30 anos, mais de 4.5 milhões de reais, equivalente ao valor presente de hoje a mais de 1.4 milhões de reais. Ou seja, essa pessoa, que nunca teve aumento de salário, poderia se aposentar aos 55 anos de idade com R$5.800 ao mês à sua disposição (nos valores de hoje usando a regra dos 5% divididos por 12, ou seja, mantendo o principal mais uma parte do rendimento para compensar a inflação no futuro, mantendo assim o padrão de vida). Vide que essa pessoa economizou mais pois assumimos que o montante que ele foi investindo também cresceu com a inflação ao longo do tempo.Se essa pessoa continuasse até os 60 anos, teria mais de 7.7 milhões de reais equivalentes a quase 2 milhões nos dias de hoje.

É raro alguém ganhar R$10.000 ao mês com 25 anos então vamos fazer essa conta com R$5.000. Economizando R$750 ao mês com os mesmos dados acima, aos 55 anos essa pessoa terá mais de 2.2 milhões de reais equivalentes a 700 mil no dinheiro de hoje. Aos 65 anos seriam 6.4 milhões equivalentes a 1.35 milhões hoje, que daria 5.6 mil ao mês (na regra dos 5% divididos por 12); logo, se essa pessoa consegue se manter com R$5.000 (que é o seu salário), poderia então se aposentar com esse montante aplicado sem depender de outras rendas da previdência pública.

Para termos uma ideia de como um valor extra ao mês faz uma grande diferença no futuro, se aumentarmos em R$200 ao mês a nossa contribuição, em 35 anos aplicando o montante extra teríamos mais de R$1 milhão a mais economizados para aposentadoria (equivalentes a mais de R$260 mil nos valores de hoje) que gerariam uma renda de mais de R$1 mil ao mês a mais considerando usar 5% ao ano do valor presente dessa quantia (R$260.000*5%=R$13.000, que é equivalente a R$1.083 ao mês). Ou seja, você teria na aposentadoria o equivalente hoje a mais de R$1 mil mensalmente, sem diminuir o capital investido (seriam mais de R$4 mil por mês usando valor futuro em 35 anos, assumindo a inflação média de 4% aa e taxa de juros de 10% aa).

O grande problema que temos é que, assim como crianças, ainda pensamos que um doce agora é melhor que 3 doces no fim do dia. Precisamos ter força de vontade para evitar os gastos desnecessários do presente para depois sim poder viver como ninguém. Já é difícil guardar o dinheiro e, às vezes, ainda é mais difícil manter o dinheiro guardado. Esse dinheiro para a aposentadoria deve ser separado e mantido intocado para poder crescer exponencialmente com os juros e o tempo. Não adianta guardar o dinheiro e, após alguns anos, ele começar a crescer e você sacar para comprar um carro zero novo. Aí, você acaba de voltar à estaca zero perdendo todos os anos de economia. Seu carro, em 10 anos, vai valer próximo de zero e seu dinheiro, que teria mais que duplicado de valor no período se mantido investido, não existe mais.

Nos exemplos anteriores assumimos que a pessoa começou a economizar muito cedo. Imagino que a maioria dos leitores já estão nos seus 30/40/50 anos e, portanto, vou fazer abaixo uma tabela para vários períodos de tempo investido e resultados, assumindo juros de 10% ao ano e inflação de 4% usando capitalização mensal e salários/receitas médias de R$10.000 ao mês (incluindo 13º salário), ou seja, contribuição para a aposentadoria de R$1.500 ao mês.

Tempo Investido	Montante Final Disponível	Valor Presente	Renda Mensal Aposentadoria
5 anos	R$126.092	R$103.638	R$432
10 anos	R$356.492	R$240.833	R$1.003
15 anos	R$760.793	R$422.441	R$1.760
20 anos	R$1.452.363	R$662.839	R$2.762
25 anos	R$2.615.345	R$981.060	R$4.088
30 anos	R$4.548.201	R$1.402.295	R$5.843
35 anos	R$7.733.915	R$1.959.894	R$8.166
40 anos	R$12.953.149	R$2.697.999	R$11.242

O montante final disponível acima é quanto você terá salvado no tempo investido da primeira coluna, o valor presente é quanto esse dinheiro seria em valores de hoje (2023) e a renda mensal aposentadoria é 5% desse valor presente por mês. Se você na verdade ganha R$20.000 e vai guardar R$3.000 ao mês, basta multiplicar os resultados por 2 e assim por diante. Assim, uma família com renda hoje de R$30.000, deveria guardar R$4.500 ao mês e ter em 30 anos em torno de 13.5 milhões guardados (3 vezes

4.5 milhões), gerando uma renda a valores do dinheiro de hoje de aproximadamente 17,5 mil ao mês.

A tabela acima serve para dar uma ideia geral de como funciona a matemática de investir o dinheiro por um longo tempo e também para mostrar que é sim possível acumular recursos suficientes, se você tem disciplina e força de vontade para evitar as tentações que vão surgindo ao longo do tempo. Os dados foram calculados ignorando efeitos de tributação, usando um valor de juros conservador um pouco abaixo do que é a média da taxa de juros no Brasil nos últimos 30 anos (que foi de 1.08% ao mês ou 13.7% ao ano) e com dados para inflação próximo do alvo do Banco Central Brasileiro (a meta atual é 3.25% ao ano). Nos Estados Unidos, o retorno total do índice S&P500 da bolsa (que engloba as 500 maiores empresas americanas) foi de 10.58% ao ano nos últimos 50 anos. Ou seja, os cálculos podem ser considerados como uma boa aproximação tanto para quem mora no Brasil quanto nos Estados Unidos.

Outra observação é que, quando vamos nos aposentar, normalmente nosso custo de vida é menor do que nos períodos em que estamos com filhos em casa, prestação de casa etc. Então é esperado que o valor mensal necessário para cobrir nossos custos na aposentadoria seja mais baixo do que os gastos hoje de, por exemplo, alguém nos seus 30 anos, com filhos, financiamento imobiliário, etc. Gastos com educação, moradia, alimentação, viagens entre outros caem significativamente quando ficamos mais velhos e a casa está paga, filhos não são mais nossos dependentes etc.

Supondo uma família hoje que tem filhos em escola particular, prestações da casa, entre outros e que precisa de R$30.000 para pagar todas as contas (e guardar para a aposentadoria); muito provavelmente, uma vez que os filhos sejam adultos e a casa esteja paga, muito provavelmente essa família consiga viver com os 17,5 mil ao mês disponíveis após 30 anos economizando. Lembre-se de que o custo de moradia que era até 25% do orçamento nesse caso já caiu bastante (sobra apenas IPTU, condomínio e seguro), custo de educação é zero, os 15% de investimento na aposentadoria também não são mais necessários, as viagens e lazer custam menos sem os filhos etc. Provavelmente você também terá alguma coisa a receber da previdência pública que ajuda, embora não possamos contar com apenas isso para nos sustentar.

Agora que está clara a importância de pensar na aposentadoria desde cedo e de investir constantemente com esse propósito e mantendo esses recursos separados dos demais, vamos falar brevemente de como investir. Lembre-se de que o comportamento é responsável por 80% do seu sucesso em adquirir a independência financeira e apenas 20% requer conhecimento técnico. Nós estamos criando um caminho para termos tranquilidade financeira no futuro e definitivamente não queremos fazer isso com grandes emoções e riscos ao longo do tempo.

Relembrando que devemos começar a investir 15% da nossa receita bruta assim que não tivermos dívidas e já termos um fundo emergencial, o importante é definir onde aplicar esses recursos. Atualmente, com o avanço da tecnologia e ferramentas a disposição do investidor pessoa física, temos acesso a inúmeros instrumentos financeiros e pode parecer bastante confuso e desafiador escolher em que investir. A regra que devemos seguir nesse caso é manter nossos investimentos sempre em produtos simples e, principalmente, que entendemos como funciona. No Brasil, o retorno médio do CDI (certificado de depósito interbancário) nos últimos 30 anos fica em torno de 11% ao ano, semelhante ao retorno do índice Ibovespa (o mais conhecido índice da bolsa brasileira) - o CDI fica em 10.87% aa e o ibovespa tem 11.3% aa - com dados de 2023. Ou seja, a diferença entre ambos é bastante pequena, o que não é comum já que o rendimento aplicado à taxa de juros do CDI tem uma rentabilidade muito menos volátil do que o índice de ações já que este último é um tipo de renda variável. Nos Estados Unidos, por exemplo, enquanto o S&P 500, que é o índice de bolsa mais conhecido no país, teve retorno próximo de 10% ao ano nos últimos 30 anos, os títulos de dívida lá tiveram retorno menor do que 4% ao ano no mesmo período, em média. Então, enquanto nos Estados Unidos o recomendável é investir em fundos atrelados a índices de ações quando para longo prazo, no Brasil o que recomendo é investir em CDBs (certificado de depósitos bancários) atrelados ao CDI pois a taxa de juros real no Brasil sempre foi alta historicamente.

Para aqueles que não tem muito conhecimento financeiro, se você investir ao longo do tempo seus 15% da renda em CDBs atrelados ao CDI você provavelmente vai atingir seus objetivos sem grandes emoções. Agora, se você quer emoções mais fortes, aplicar em um índice que te dê um retorno do desempenho da bolsa também deve funcionar, porém você vai ter maior volatilidade ao longo dos anos, ou seja, em alguns períodos seus recursos vão crescer bastante e em outros vão cair bastante. Nos Estados Unidos, a recomendação é investir em fundos atrelados a S&P 500 e outros índices com diversificação como de empresas com crescimento de dividendos (*dividend growth*).

Quando investir em CDB atrelado a CDI, use uma corretora e busque retornos de no mínimo 100% do CDI e tendo cuidado para escolher prazos adequados para não ficar sem liquidez (principalmente ao aplicar o fundo emergencial, que deve estar sempre a disposição mesmo se para isso ficar aplicado com um rendimento um pouco menor). Normalmente, os grandes bancos só oferecem 100% do CDI para grandes investidores e, no começo, provavelmente você não terá a quantia que o qualifica para receber esse retorno. Porém, se você abrir uma conta numa corretora, você terá acesso a CDBs de outros bancos menores e bancos de investimento que te oferecerão taxas até acima de 100% do CDI. Lembre apenas que existe risco de crédito, ou seja, o risco do banco que emite o certificado falir; no entanto, o FGC (fundo garantidor de crédito) garante até R$1 milhão por CPF em caso de não recebimento - incluindo juros e principal. Dessa forma, limite-se a ficar abaixo desse limite em bancos que você não confia. Bancos também emitem outros tipos de certificados como LCI (letra de crédito imobiliário) e LCA (letra de crédito agrário) que são semelhantes ao CDB mas tem a vantagem de ter isenção de imposto de renda. Debêntures, que são títulos de dívida de empresas, também podem ser encontrados para negociação em corretoras e em alguns casos (debêntures de infraestrutura) podem ter isenção de imposto. Esses instrumentos normalmente pagam juros maiores, porém não tem garantia do FGC e, portanto, se a empresa falir você vai perder uma parte significativa do seu dinheiro (incluindo o principal investido).

Agora se você realmente tem estômago para emoções muito fortes, pode investir em ações individuais de empresas. Para ficar bem claro, eu não recomendo de forma alguma esse tipo de investimento a não ser que você tenha amplo e grande conhecimento do mercado financeiro. Comprar ações de uma empresa pode gerar surpresas extremamente desagradáveis (vide o caso recente das Americanas, onde devido a aparente fraude contábil interna investidores perderam quase tudo - está ainda sendo investigado). Quando falam em comprar ações, eu sempre gosto de lembrar de um estudo que fizeram onde pegaram 3 grupos de investidores para escolher algumas ações para ver quem iria performar melhor ao longo do ano: um grupo era de investidores profissionais, outro de estudantes de finanças e o último era um gato (que escolhia as ações através de brinquedos com o nome de cada empresa). Adivinhem quem ganhou neste estudo? O gato! Isso serve apenas para falar que o mercado é imprevisível e com pouca diversificação você pode ter um ótimo resultado ou um péssimo resultado mesmo tendo muito conhecimento sobre o assunto.

Vale a pena discutir agora um pouco sobre fundos de investimento para que fique claro em que tipo de fundos podemos investir. Se você não quer comprar CDBs em corretoras ou decidiu investir parte do que tem no índice Ibovespa, você deve ter muito cuidado ao escolher o fundo para aplicar. Sempre busque fundos passivos (que acompanham o CDI ou o índice de ações) para que tenham as menores taxas de administração possível. Taxas de administração vão reduzir seu rendimento e não é incomum acharmos fundos com taxas de administração de 1 ou 2% ao ano, sendo que muitos ainda cobram taxa de performance (que podem ser de 20% ou mais do ganho além do *benchmark,* que se trata do índice que o fundo se propõe a bater - CDI ou ibovespa, por exemplo). Vamos dar um exemplo para ficar claro: o fundo XYZ tem taxa de administração de 2% ao ano e uma taxa de performance (ou rentabilidade de 20% do excedente) e a meta dele é bater o Ibovespa. Nesse ano o Ibovespa ficou em 12% de retorno e o fundo fez 14%. Em princípio parece excelente certo? Mas o fundo então cobra os 20% de performance (20%x[14%-12%]= 0.4%) e cobra os 2% de administração, sobrando para o investidor 11.6%, ou seja, menos do que se tivesse investido apenas no índice passivamente. Agora digamos que no outro ano o Ibovespa retornou 10% e seu fundo não teve bom desempenho e apenas atingiu a meta de 10%. Ele não cobra a taxa de desempenho mas ainda tem a taxa de administração de 2% então o investidor fica com 8% apenas e perde novamente pro índice. O administrador do fundo tem nesse caso um ganho assimétrico pois ele não tem sua taxa de administração reduzida quando ele performa mal.

Os gerenciadores de fundos são bem-intencionados e, nos casos em que eles ficam muito acima do índice de *benchmark*, aí sim investidores ganham mais do que simplesmente investindo de forma passiva (seguindo o índice ou taxa de juros em questão); porém é muito difícil bater o índice de forma consistente por muitos anos. Aqui nos EUA, 99% dos fundos ativos perdem para o índice do S&P500 quando analisado um período longo de tempo. No Brasil não vejo razão para ser muito diferente disso, embora não tenha encontrado pesquisa abrangente sobre o assunto. O 1% dos fundos que conseguem bater o índice são os unicórnios e geralmente após alguns anos fecham a captação, tornando-se muito complicado para conseguir investir nos mesmos. Dessa forma, não recomendo entrar em fundos ativos porque é um contrato assimétrico - eles ganham quando não batem a meta e ganham ainda mais quando batem, enquanto o investidor com frequência estaria melhor investindo em fundos passivos que apenas imitam o índice (CDI, Ibovespa etc). Sempre então, antes de investir em fundos, analise as taxas que estão sendo cobradas. Bancos grandes no Brasil costumam cobrar altas taxas mesmo para fundos passivos, o que é um assalto, portanto tenha muito cuidado quando seu gerente te ligar oferecendo algum fundo ou produto: peça para ver a lâmina com as informações do fundo ou produto para ver a política de investimentos e as taxas que serão cobradas. Fundos passivos aqui no exterior chegam a ter taxa de 0.05% ao ano ou menos, ou seja, custam quase nada pois estão apenas replicando um investimento num certo *benchmark*.

Na minha vida procurei sempre evitar investir em fundos ativos, com raríssimas exceções. Uma das únicas vezes foi para ajudar amigos que estavam abrindo uma gestora de fundos. Quase tudo que guardei sempre foi investido em CDB no CDI e em alguns casos taxa fixa (maior risco pois se as taxas de juros sobem você perde dinheiro e vice-versa) no Brasil, e no exterior em geral, investi em títulos de dívida de empresas que achava confiável e pagavam juros fixos em USD. Mas para quem mora no Brasil e não tem planos de morar no exterior, sugiro fortemente investir em CDBs atrelados a CDI. Você vai ter um desempenho bom e sem grandes emoções. Lembre-se que o mais importante é o comportamento: investir todo o mês e ter paciência para ver o seu portfólio crescer aos poucos. Na taxa histórica do CDI, R$100 mil hoje viram R$200 mil em 7 anos isso se você não botar mais um centavo. Se você tem R$100 mil hoje e está depositando R$3 mil por mês, em 7 anos você terá R$550 mil. Em 20 anos serão quase R$3 milhões. É a mesma história da tartaruga e do coelho... a tartaruga também vai chegar na frente na corrida para a independência financeira.

Os coelhos, ou seja, os investidores que não têm paciência para ir devagar e sempre, são aqueles que vão buscar investimentos alternativos como criptomoedas, instrumentos financeiros agressivos, tomar empréstimos para comprar imóveis e alugar etc. Em geral, a maioria vai perder boa parte do investimento. A regra sempre deve ser: invista apenas no que você conhece bem. Se você não sabe nada sobre ações, não invista em ações. Se não entende criptomoedas, não invista em criptomoedas. Se não entende de imóveis, não invista em imóveis. Se não entende o novo produto que seu gerente está oferecendo (COE - certificado de operação estruturada-, capitalização, fundos etc.), não invista nisso também. Acredito que ficou claro que devemos primeiro estudar e entender algo muito bem antes de fazer um investimento com aquilo que economizamos a duras penas. Não escute os conselhos de seus parentes e amigos que estão entrando na última onda e que falam que você não pode perder essa oportunidade. Na grande maioria das vezes, eles vão acabar perdendo dinheiro e mesmo que ganhem, paciência e ótimo para eles. O mais importante é manter seu dinheiro investido no que você conhece e acrescentar cada vez mais ao longo do tempo. Como regra geral, invista em CDBs atrelados ao CDI.

Muitas vezes sentimos o que se chama aqui de FOMO (*fear of missing out* ou o medo de ficar de fora). Isso acontece em inúmeras ocasiões e diferentes aspectos. Quantas vezes não estamos a fim de ir naquele show mas no fim acabamos indo porque os amigos vão e não queremos ficar de fora e "perder a diversão"? Ou naquela festa? Ou viagem? O mesmo acontece com relação a investimentos. Sempre vai ter aquele amigo que está investindo em criptomoeda, ou abrindo um negócio e te oferecendo parceria, ou comprando um terreno, ou imóvel etc. A regra continua sendo investir apenas naquilo que conhece. Sempre ouvi falar que ser inteligente é aprender com o erro dos outros, o normal é aprender com os próprios erros e a burrice é não aprender nem quando erra.

Pois então vou contar uma bobagem que fiz para que vocês não repitam o mesmo erro que eu cometi. Um amigo próximo iria abrir um restaurante e em princípio tinha já os recursos para iniciar o negócio sem minha presença, porém ele me mostrou as projeções, falou de um incrível futuro de franquias, um dos sócios já tinha experiência com o restaurante etc. Eu, por FOMO total ao olhar as projeções, ou seja, com medo de ficar de fora, pedi para ser um dos sócios e entrei com 25% do capital. Eu não sabia absolutamente nada sobre restaurantes, mas confiava nos sócios que iriam trabalhar diretamente com o negócio. As projeções estavam erradas, cometeram vários erros operacionais e em um pouco mais de um ano perdi 100% do valor que tinha investido - eu, meu amigo e os outros sócios ficamos todos de mão abanando. Até hoje foi o pior negócio da minha vida e nunca mais vou entrar em algo em que não tenha um conhecimento profundo além de envolvimento direto ou, no mínimo, supervisão constante da operação. Aprendam assim com o meu erro - se vocês não entenderem do assunto, fiquem de fora.

Veja que não estou falando de empreender, começando aos poucos e aprendendo sobre o assunto "on the job". Isso é válido, pois o investimento inicial geralmente é pequeno e você vai crescendo e entendendo do seu negócio. Falo de casos em que você vai aportar seu dinheiro em algo no qual você não entende e não tem controle algum. O mesmo vale para criptomoedas, ações, COEs, fundos etc.

Outro assunto importante ao falar de aposentadoria são os planos de previdência privada. Muitos empregadores oferecem para seus funcionários a oportunidade de participar em planos onde até certo percentual eles dão um *match* na sua contribuição, ou seja, eles dobram o percentual que você aplica no seu plano de previdência. Como regra geral, eu sugiro que sim, você deve se aproveitar desse benefício pois ao aplicar, por exemplo, 3% da sua renda, você vai na verdade estar aplicando 6% com o match do empregador. Um ganho de 100% já na entrada vale com certeza os eventuais pontos negativos que planos de previdência privada tem. No Brasil existem vários tipos VGBL, PGBL, regressivo, progressivo e não é o objetivo aqui de entrar nos pormenores de cada tipo, mas, de uma forma geral, planos de previdência acabam sendo investidos em fundos que, normalmente, tem taxa de administração muito alta e tem várias restrições para saque no futuro, inclusive podendo ter multas e perda de benefícios. Eu, por exemplo, quando trabalhava no Brasil tinha um "match" de até 5% e, portanto, aplicava os 5% e na verdade tinha 10% depositado no meu plano. Então com certeza era um bom negócio pois o dinheiro iria crescer após já ter dobrado inicialmente e, mesmo com taxas de administração altas, valia a pena para mim.

A outra grande vantagem dos planos de previdência são um adiamento do pagamento de impostos onde seu dinheiro vai crescer sem ser taxado enquanto não for sacado. Vale a pena buscar, entre as alternativas existentes, fundos passivos que tenham baixa taxa de administração e aí sim pode ser uma ferramenta interessante, além da potencial redução inicial dos impostos. Sempre vale a pena fazer um planejamento fiscal ao analisar esse tipo de investimento. Lembre-se de que, para saques antes do prazo, você paga os impostos e potencialmente multas. Aqui nos Estados Unidos temos algumas ferramentas semelhantes (401K, IRA, Roth IRA) onde tenho ainda fundos investidos da época em que trabalhei aqui. A vantagem aqui é que temos muitos fundos passivos com taxa de administração extremamente baixa onde podemos investir nossos recursos sem "sangrar" nossos rendimentos em taxas absurdas.

Outra modalidade de investimento é o mercado imobiliário. Nesse caso, considero uma boa opção para quem gosta de lidar com inquilinos, construtora etc. A única consideração que faço aqui é que se deve evitar alavancar (tomar empréstimos) para comprar imóveis que são para investimento. Além disso, não é para qualquer um lidar com a parte operacional desse tipo de investimento. Nas oportunidades em que eu tive inquilinos, eu tive bastante sorte e nunca tive problemas com pagamento em dia ou de estragarem meu imóvel de alguma forma, mas não é sempre este o caso. Não é incomum acabar tendo inquilinos por alguns períodos que não conseguem fazer o pagamento em dia ou acabam danificando demais a casa ou apartamento. Se você tem paciência para lidar com essas situações ou disposição para entregar parte dos rendimentos para uma administradora, pode ser uma boa opção, pois, como discutimos anteriormente, imóveis são bens que normalmente se apreciam com o tempo e, juntando com retornos do aluguel, pode ser uma boa opção de investimento. Nos Estados Unidos, o imóvel alugado funciona como um negócio à parte e, portanto, você tem ainda a vantagem fiscal de deduzir a depreciação do bem fazendo com que o retorno seja ainda mais interessante.

O ponto mais importante que gostaria de destacar aqui é que você nunca deve tomar empréstimos para comprar imóveis para investimento. A ideia inicial parece boa quando se faz a conta: você vai dar uma entrada, a parcela de financiamento vai ser X e vou alugar por X mais 20% então terei daqui muitos anos um imóvel pago e um certo lucro nesse período. Isso funciona muito bem no papel, porém na vida real isso pode dar muito errado. O melhor cenário possível é o do papel e, como ele tem que permanecer estável pelas décadas que duram o empréstimo, imprevistos e problemas acabam não sendo nada raros. Durante a duração do financiamento você certamente terá períodos em que não tem inquilinos no imóvel, em que alguma coisa grande estraga (vazamentos, ar-condicionado, outros equipamentos etc.), pequenas reformas que são necessárias quando se troca inquilino e, principalmente, imprevistos maiores como crises econômicas no país, onde você vai ter que baixar muito o preço do aluguel para conseguir alguém e isso se conseguir alugar. Por esses motivos, eu acho assustador e não recomendo a ninguém essa alavancagem para comprar uma casa ou apartamento e depois alugá-lo. A sua flexibilidade tende a zero se você tem uma parcela grande para pagar e seu imóvel está vago com custos adicionais de IPTU e condomínio. Logo você vai ter que alugar muito abaixo do valor de mercado ou vai acabar até se assustando e vendendo o imóvel provavelmente no pior momento possível, arriscando ter até um prejuízo ainda maior.

Recentemente, em 2019, resolvi investir em alguns imóveis aqui nos Estados Unidos em conjunto com alguns sócios. A ideia era montar uma empresa, comprar apartamentos de aluguel de curto prazo (de férias tipo Airbnb) e alugar aqui numa região perto da Disney/Universal. No papel o retorno líquido seria de algo em torno de 5% ao ano após pagamento da administradora, que era necessária para cuidar de apartamentos com essa frequência de troca de inquilinos (que na média não ficavam mais do que uma semana). Em 50 anos, os parques nunca tinham ficado fechados mais do que um ou dois dias devido a ameaças de furacão e Orlando era a cidade mais visitada do mundo com mais de 70 milhões de turistas por ano. Tudo ótimo no papel, mas mesmo assim optamos por não tomar nenhum tipo de financiamento para fazer esse investimento por sermos conservadores e por não desejar ficar com a obrigação de uma parcela mensal, mesmo sabendo que fiscalmente seria mais interessante para a operação se tivéssemos o financiamento (juros pagos são dedutíveis aqui), além de poder multiplicar o número de unidades que iríamos comprar a uma taxa de juros que estava historicamente muito baixa. Em 2019 então iniciamos a operação, compramos e decoramos os apartamentos com recursos a vista e tudo ia ocorrendo conforme o planejado. Ao final de 2019 e início de 2020, os apartamentos já estavam totalmente produtivos e com ótima ocupação e então o que aconteceu? A pandemia. Por isso falo que não é possível prever o que vai acontecer no futuro e, às vezes, coisas que nunca tinham acontecido também acontecem. Pela primeira vez, em 50 anos, os parques fecharam e a indústria de turismo secou totalmente.

Felizmente, como não tínhamos nenhuma alavancagem, ainda conseguimos pagar as contas que continuavam vindo mês a mês com os recursos que tínhamos acumulado nos meses anteriores. Se tivéssemos empréstimos a pagar, com certeza eu e outros sócios teríamos que aportar mais dinheiro na operação, o que seria, obviamente, além de custoso, fora de qualquer planejamento possível olhando as projeções que havíamos feito inicialmente. Felizmente, a Flórida foi um dos lugares que melhor lidou com essa pandemia e em junho de 2020 os parques estavam novamente abertos, a vida voltava ao normal e o turismo começava a ressurgir. Além disso, como outros lugares do país ainda estavam com tudo fechado, tivemos um grande fluxo de pessoas que queriam vir para cá por longos períodos, já que trabalhavam remotamente e queriam fugir de estados com medidas draconianas. Inclusive alugamos alguns dos apartamentos até por meses para alguns destes inquilinos. Nosso resultado sofreu com a pandemia, mas não a ponto de termos prejuízo ou de termos que fazer aportes. Na verdade, com o fluxo de pessoas mudando para a Flórida, os imóveis se valorizaram em torno de 25% ao longo de dois anos e então optamos por vender todas as unidades, embolsar o lucro e fechar a empresa. Foi um ótimo resultado para dois anos e pouco de operação, porém tivemos momentos de extrema tensão durante a pandemia que, com certeza, teriam sido muito piores se tivéssemos parcelas de financiamento ainda a pagar naquela época.

Então, se você gosta de investir em imóveis, sugiro que você tenha paciência, guarde dinheiro até que possa comprar algo pequeno à vista e aí sim alugue-o com menores pressões de forma que seu X+20% do aluguel fique todo para você. Aí você vai criando uma bola de neve positiva onde, guardando dinheiro mensalmente mais o valor integral do aluguel que você recebe, vai te possibilitar comprar outro imóvel em alguns anos, o terceiro virá em menos tempo, o quarto menos ainda e assim por diante. Essa é a forma que recomendo fazer se você gosta deste setor para investir.

Outro assunto que surge com relação a investimentos é como lidar com ações ligadas a empresa que você trabalha. Muitas vezes, empresas de capital aberto (com ações na bolsa) oferecem programas para funcionários comprarem certo número de ações com desconto ou oferecem parte da remuneração em ações ou opções de compra de ação por um preço vantajoso. Para esses casos, sugiro evitar sempre investir na ação de onde você trabalha nos programas de desconto e, quando você receber a ação ou opção como pagamento, sugiro vender assim que seja possível fazê-lo. A razão para isso é bastante simples: você não quer ter boa parte do seu patrimônio atrelado a empresa que você trabalha, pois caso ela tenha algum problema sério, você corre o risco de perder seu emprego e ao mesmo tempo ver seu patrimônio ter uma queda significativa. Imagina só perder sua renda e boa parte do que você economizou em uma tacada só? Evite então exposição a esse tipo de problema.

Não vou entrar em detalhes de outros tipos de investimentos como criptomoedas, ações individuais, moedas, opções, *short selling*, daily trading etc. por serem assuntos de grande complexidade que não devem ser focos para investimento de longo prazo. Se você é um grande conhecedor desses assuntos e gosta de investir, vá com moderação e tente aumentar um pouco seu retorno anual, porém jamais coloque todos os ovos na mesma cesta. Se 100% do seu investimento estiver em uma ação ou numa criptomoeda e um problema específico afeta aquela empresa ou cripto, você irá perder boa parte do seu patrimônio. Mantenha a maior parte dos seus investimentos atrelados ao CDI através de CDBs ou invista em índices de ações. No Brasil em geral o CDI foi suficiente para obter um bom rendimento com ganho real sobre a inflação, sendo que a exceção ocorreu durante os últimos anos onde tivemos períodos em que os juros anuais ficaram abaixo de 6% por muito tempo chegando a 2% ao ano. Isso não é comum dado o histórico do Brasil, mas se, no futuro, a tendência for de permanecer nessa faixa, sugiro manter ao menos parte do investimento no Ibovespa, já que juros baixos também ajudam empresas a terem melhores resultados e fazerem mais investimentos, o que eventualmente gera aumento de receita, lucro e uma valorização das ações. Nos Estados Unidos, onde a média de juros é mais baixa, a recomendação é ter uma parcela maior em índices de bolsa que tem historicamente um resultado maior, apesar de maior volatilidade. É importante lembrar que não é incomum índice de ação cair 10% ou até 20% em um ano, porém em prazos longos esses índices se recuperam e voltam a crescer. É essencial não se desesperar e tentar sacar o dinheiro, pois isso é o que realmente consolida suas perdas. Se você continuar investindo mês a mês nesses períodos, você está apenas comprando os índices em uma liquidação com 10% ou 20% de desconto. Pense dessa forma e não fique olhando seu saldo de investimentos diariamente (eu cometo esse erro, devo confessar), pois isso só vai gerar estresse desnecessário. Durante a última grande crise (na pandemia) as ações caíram bastante e foi bastante difícil ver meu patrimônio cair tanto, pois já estava vivendo de renda nessa época e acabei ficando bastante preocupado com a situação. Esse é o tipo de momento em que temos que respirar fundo, lembrar de todas outras vezes historicamente em que isso aconteceu, focar no *cash-flow*, ou seja, nos dividendos e juros que continuam a ser pagos sem nenhuma alteração e buscar oportunidades de tirar proveito dessa situação. Na época, não tinha vendido ainda meu apartamento em SP e, coincidentemente, no começo de 2021 meus inquilinos falaram que iam sair do imóvel, e acabei vendendo-o no período de um mês (havia muita procura na época em que estava tudo fechado por apartamentos de bom tamanho em condomínios grandes). As ações ainda não tinham se recuperado totalmente e, então, eu apliquei tudo que recebi pelo apartamento no mercado de ações. Em alguns meses, tive um retorno de 40% positivo e aí fiz a venda das ações e trouxe os recursos para os EUA, onde apliquei no mercado local. Crises sempre trazem grandes oportunidades e o mesmo aconteceu nas quedas anteriores. Quem comprou ações ou imóveis em 2009-2010 já mais que dobrou seu resultado também.

Em resumo, ignore os ruídos ao longo do tempo e, se você continuar investindo mês a mês 15% da sua renda bruta, você será, no futuro, um milionário e terá um belo patrimônio para se aposentar com tranquilidade. Lembre-se que 90% dos brasileiros acima de 25 anos não pensam em guardar para a aposentadoria e, por isso, acabam tendo muito pouco guardado e dependem apenas da previdência pública, o que definitivamente não é ideal. A maioria dos milionários americanos têm profissões comuns e não têm salário exorbitante. O importante é ter o comportamento certo e guardar todos os meses por um longo período de tempo. Essa é a receita que realmente funciona.

Viver a Vida

CAPÍTULO 7

Neste capítulo vamos abordar dicas de como devemos viver nossa vida de acordo com os três estágios diferentes da nossa jornada financeira, que não dependem de idade, mas apenas de qual fase estamos, de acordo com a seguinte classificação:
- Ainda endividados
- Sem dívidas, trabalhando e ainda investindo para a aposentadoria
- Aposentado e usando os recursos investidos

Em diferentes capítulos anteriores já foram mencionadas dicas e situações para lidar em cada um dos estágios acima, mas a ideia agora é entrar mais detalhadamente em cada um desses estágios, focando principalmente no comportamento que devemos ter. É isso que vai definir se vamos ou não conseguir progredir para o próximo estágio.

Em primeiro lugar, gostaria de fazer uma reflexão que eu acredito ser de grande importância para todos os estágios e como uma filosofia de vida, embora não seja estritamente relacionada a finanças. Note que não tenho nenhuma formação em psicologia ou comportamento humano, mas tenho bom senso e tempo para refletir e então gostaria de dividir esse pensamento. Observo que, desde criança, somos encorajados e condicionados a buscar principalmente duas coisas: dinheiro e felicidade. Nossos pais sempre querem o melhor para a gente e acreditam que um futuro em que tenhamos recursos financeiros através de uma certa profissão é também o caminho para chegarmos ao objetivo final que é, segundo eles, sermos felizes. Até na declaração de independência dos Estados Unidos a busca por felicidade é citada como um direito inalienável (*the pursuit of happiness*). Eu acho que o ponto falho desse pensamento é o objetivo final: alcançar a felicidade. Pelo que observei ao longo do tempo, a única conclusão a que chego é que felicidade é passageira e não é um sentimento constante para ninguém, e, portanto, esse é um objetivo irreal. Eu acho que o objetivo que temos que alcançar na nossa vida é a satisfação. Temos que estar satisfeitos com o que temos, com o que atingimos e com o que esperamos para o futuro. Isso é um objetivo que não é um sentimento efêmero e é sim possível de ser conquistado de forma permanente. Esse é o sentimento que vai nos permitir o sentimento de felicidade com a maior frequência possível.

Eu hoje estou satisfeito com o que tenho: esposa e filhos fantásticos, uma casa confortável e uma situação financeira boa. E por muito tempo já sinto esse sentimento. É algo que é duradouro e me permite muitas vezes sentir felicidade. Sinto felicidade quando um de meus filhos tira uma nota boa, ou quando vamos todos juntos em uma viagem, quando recebemos uma visita, quando fazemos um churrasco em casa etc. A felicidade vem fácil quando estamos satisfeitos e vem através de coisas simples e, quase sempre, não materiais.

A felicidade atingida pela compra de bens materiais é efêmera e não dura nada. E esta é a relação que acaba prejudicando muita gente que está tentando "comprar" a sua felicidade. São pessoas que não estão satisfeitas com sua situação atual (financeira, de trabalho, relacionamento etc) e tentam, às vezes com dinheiro que não têm, atingir um objetivo de uma forma que não vai durar. Este é o ponto em que nossa cabeça tem que mudar e que precisamos definir nossas prioridades de forma que estejamos satisfeitos uma vez que cheguemos lá.

Meu objetivo sempre foi ter uma vida financeiramente estável e ter uma família com filhos. Por muito tempo nós havíamos atingido o primeiro objetivo pois tinha um bom emprego e já uma quantidade razoável de dinheiro guardada e estávamos satisfeitos com relação a esse ponto. Porém, nosso outro objetivo, que era até o mais importante, estava bastante complicado de atingir. Nesse caso sim, fizemos um esforço onde até abdiquei de ganhos financeiros maiores e mais progresso na carreira para mudarmos de país (duas vezes) até encontrarmos o tratamento e médico que nos possibilitou o que mais buscávamos: nossos filhos. O nascimento deles foi um momento de extrema felicidade e de sucesso após vários anos de luta, porém foi apenas um momento. A satisfação que sentimos ao termos eles conosco todos os dias é permanente. Então trace seus objetivos de vida para que eles sejam fonte de satisfação constantemente. Momentos de felicidade virão com frequência após isso.

Pessoas que buscam a felicidade a qualquer custo acabam caindo em armadilhas da nossa sociedade. Nosso sistema tenta nos convencer que a felicidade vem com aquele carro novo, ou o novo celular, ou a nova roupa, ou bolsa, aquela viagem cara ou o que quer que seja. Ainda mais hoje em dia, em que você consegue comprar inúmeros itens desnecessários com alguns cliques. Isso é uma mentira. Às vezes o arrependimento vem até antes do item ser entregue, ou assim que se sai com o carro da concessionária, agora cheio de parcelas a pagar no futuro. Temos que refletir e parar de nos enganar. Nenhum bem material vai nos trazer felicidade duradoura. Vocês se lembram de algum item que você comprou ano passado e que ainda te deixa feliz? Satisfação, sim, é outra coisa. Eu estou satisfeito com minha família, minha casa, meus carros, minhas roupas (mesmo as que estão mais usadas - tenho algumas que uso desde antes de conhecer minha esposa, 14 anos atrás). Não preciso trocar de celular todo ano pra ficar satisfeito e sei que a felicidade momentânea de uma compra é simplesmente falsa. Algo que fomos programados a sentir ao longo de anos e anos de marketing e pressões sociais.

Uma das coisas que sempre me ajudaram a resistir a essas pressões foi realmente ter crescido sem poder ter a maioria das coisas supérfluas que eu queria. Eu aprendi a ver que eram apenas itens materiais e que não me fariam ser uma pessoa diferente. E que fique claro: na época, às vezes, ficava triste por não ter a mochila de marca ou minha família não ter o melhor carro, mas hoje sei que isso não era motivo para não estar satisfeito: eu ia para uma escola boa, tinha comida, moradia e uma boa família. Eu ainda não sabia que o importante era estar satisfeito.

Eu não tenho dados estatísticos para afirmar isto com certeza, mas eu sinto que, às vezes, pessoas que crescem sem ter o que querem acabam indo para o outro lado e compram ainda mais do que é necessário, uma vez que alcançam uma situação financeira melhor. Isso acaba atrasando a aposentadoria delas, mas trata-se de uma escolha. Não estou falando aqui dos unicórnios que acabam ganhando milhões e milhões e aí sim podem gastar porque não é algo relevante comparado à receita que geram. Falo das pessoas que têm uma boa renda, mas acabam deixando a pressão por consumir e tentar impressionar as pessoas a seu redor, e até quem nem os conhecem, afetar a busca por seu objetivo final: independência financeira. É nossa escolha se queremos desperdiçar nosso dinheiro em compras supérfluas ou se preferimos acumular riqueza.

Vamos agora entrar em mais detalhes de como devemos viver em cada uma das fases listadas acima começando por:

7.1- Ainda Endividados

Nem todos leitores vão estar nessa fase, porém sabemos que 76% dos brasileiros têm alguma dívida e é, obviamente, o estágio mais complicado de se estar. Neste caso, estou falando de todas as dívidas com exceção de financiamento da casa própria. Aqueles que não têm dívidas já estão fazendo boa parte das escolhas financeiras de forma correta e precisam apenas talvez de alguns ajustes. No entanto, as pessoas que estão acostumadas e acham normal terem dívidas precisarão de uma mudança de pensamento e comportamento quase completa. É bastante similar a querer entrar numa dieta para perder peso tendo a vida inteira comido tudo o que desejava, mas agora ter uma alimentação restrita e ainda fazer exercícios. Não é fácil mudar totalmente de comportamento e, para isso, você tem que entender a escolha que você tem pela frente: continuar pobre e continuar entregando boa parte do que você ganha para bancos e lojas através dos juros que eles cobram ou mudar seu comportamento, ou parar de gastar o que tem e que não tem em itens supérfluos e partir para adquirir sua independência financeira e uma aposentadoria tranquila.

Eu quero aqui explicar que, no meu entendimento, pobre é uma pessoa que não consegue manter seu estilo de vida com o que ganha e recorre a empréstimos. Alguém que ganha R$1 milhão por ano pode ser pobre com essa definição se essa pessoa gasta por ano R$1,2 milhões, tem dívidas de carros, viagens etc. Essa pessoa, se perde o emprego ou tem uma redução de renda, vai falir e não tem a quem recorrer. É, na minha opinião, pobre, mesmo vivendo atualmente muito bem. Essa pessoa está a um imprevisto de perder tudo. Já alguém que ganhe um décimo disso, mas gasta menos do que ganha, teu seu fundo de emergência, investe na sua aposentadoria, tem uma boa posição já para atingir a paz financeira não é pobre nesta definição que uso. Nesse caso, a pessoa que ganha menos, na verdade, está muito melhor do que a que ganha muito mais, pois a pessoa que ganha menos está provavelmente satisfeita com seus bens e suas escolhas e tem por isso uma riqueza maior. O seu futuro está bem encaminhado.

Então, independente de quanto você ganha ou qual sua idade, se você tem dívidas está na hora de mudar completamente. Já vimos em capítulos anteriores que a maior ferramenta para acumular riqueza é nossa renda. Se boa parte dessa renda vai direto para credores, nada sobra para começar a guardar dinheiro para o futuro, comprar a casa própria etc.

Se você começar a seguir os passos desse livro, se você está cansado o suficiente de estar sempre sem dinheiro, você primeiro vai fazer o seu orçamento e cortar TUDO o que é supérfluo nessa fase em que você está endividado. Você deve cortar seus cartões de crédito para ter um maior controle dos gastos e evitar compras por impulso, você não vai mais sair pra jantar, não vai ter férias, não vai fazer absolutamente nada a não ser trabalhar e pagar as dívidas, começando com as de maior taxa de juros como cartão de crédito.

Como falei, esse tipo de mudança de comportamento é radical, porém temporário. Esse grau de intensidade só precisa ser feito até que suas dívidas estejam pagas e você tenha seu fundo de emergências. Eu garanto que uma vez que suas dívidas estejam pagas, você nunca mais vai querer se endividar.

Outro fator importante para acelerar o pagamento dos débitos é buscar de alguma forma aumentar a renda. Muitas profissões permitem que o funcionário pegue mais horas de trabalho, horas extras, etc. Outras pessoas devem buscar alternativas nos horários em que estão de folga: motorista de aplicativo, cuidar de crianças e cachorros, costurar pra fora, tutor de alunos, etc. Use o seu conhecimento de forma criativa para aumentar sua renda mesmo que isso signifique poucas horas de descanso na semana durante um certo período. Lembre que quanto mais receita você gerar e quanto mais gastos você cortar, mais rápido você atingirá esse objetivo primário.

Nessa fase, também recomendo que você analise a venda de tanto seu carro quanto alguns itens da sua casa. Se você tem por exemplo um videogame com vários jogos que nem usa mais, você pode vender e conseguir, por exemplo, R$500 para jogar na sua dívida. O mesmo vale para qualquer outro item: bolsas e roupas que foram pouco usadas, outros eletrodomésticos, etc. Mas o item que deve ser olhado com mais atenção são os carros. Independente de ser um ou dois carros, se você ainda tem financiamento atrelado a eles, considere vendê-los se com a venda você consegue quitar a dívida restante destes itens. Troque por um veículo que ande, mas que não requeira que você o faça através de empréstimos. Dependendo de onde você trabalha, você pode também usar meios alternativos para transporte e usar os recursos da venda dos carros para acelerar a quitação da dívida.

Muita gente tem o hábito de fazer caridade e doar parte do que ganha para instituições de caridade ou para sua igreja. Essa é uma atitude muito nobre e que encorajamos fazer durante toda sua vida, seja através de doação de dinheiro ou de itens. Porém, nesse estágio em que você está em dificuldades e cheio de dívidas, lutando para pagá-las, todas doações devem ser temporariamente interrompidas. Todo o foco é conseguir zerar os débitos para aí sim poder doar com tranquilidade e sem prejudicar sua jornada para independência financeira. Aqueles que recebem a doação atualmente vão entender que você precisa parar por um período para melhorar sua situação financeira. Nesse estágio, como não compramos nada que não precisamos realmente, nem roupas sobram para doar, pois temos que usá-las até que elas gastem e rasguem. Se itens não servem mais e ainda são novos (roupas de criança, por exemplo), você primeiro tenta vender, nem que seja por pouco para atenuar suas dívidas. Temos que encarar a realidade e entender que se você está pobre e endividado, não pode doar nada. Em breve, nos próximos estágios você poderá voltar a colaborar para as causas que lhe inspiram sem prejudicar você e sua família.

Com relação a cartões de crédito, estudos mostram que pessoas que usam esse método de pagamento chegam a gastar 18% a mais do que gastariam em dinheiro ou cartões de débito. A ideia de manter o cartão de crédito, às vezes pagando anuidade, para ter benefícios de milhas, produtos ou *cashback,* na verdade é uma grande armadilha para perdemos o controle do nosso dinheiro e gastarmos muito mais do que o previsto no nosso orçamento ou da nossa capacidade financeira. Isso acaba fazendo com que as pessoas acabem não conseguindo pagar a fatura total e financiem boa parte da fatura a juros estratosféricos. Então, nesse estágio, é importantíssimo que você cancele ou ao menos coloque os cartões de crédito fora de seu alcance. Como quando gastamos no nosso cartão nós não vemos nossa conta corrente sendo afetada, a gente não percebe o quanto está gastando naquele mês, sendo que as faturas de cartões diferentes vencem também em dias diferentes potencialmente aumentando a confusão e então acaba-se gastando mais. Outra armadilha são os pagamentos em várias vezes "sem juros" que acabam incentivando ainda mais gastos. A pessoa pensa apenas na parcela atual e não lembra que depois vai ficar obrigada a pagar aquela quantia por vários meses. Depois ela ainda vai acumulando outras compras desse tipo. Se um imprevisto acontece, as contas dessas compras vão continuar a chegar e você não vai conseguir pagar pois não tem mais a renda que tinha na época da compra. Tire também o seu cartão de crédito como método de pagamento de compras online e mude para pagamento com boleto ou via débito em conta corrente ou cartão de débito. Assim você vai evitar compras impulsivas de coisas que você não precisa. Nesse estágio, você paga apenas o necessário: comida, moradia, luz, água, educação e saúde. O resto é supérfluo.

Isso não quer dizer que você não pode ter nenhum tipo de atividade de lazer. Você apenas precisa ser criativo e buscar alternativas que custem nada ou muito pouco. Nessa fase da vida, temos que ir a parques, caminhadas, buscar shows gratuitos, ver um esporte na tv aberta (nada de assinaturas), ouvir música, etc. Nada de viagens, nada de ir a casamentos em outras cidades, nada de cinema, nada de restaurantes ou qualquer coisa que tenha custo. É radical? Sim. Mas você se colocou nessa situação e você tem que fazer um sacrifício para sair dela o quanto antes. Se você tomar atitudes a meio termo, você levará muito mais tempo para pagar as dívidas, isso se não desistir pelo meio do caminho. Como falei, não é fácil, mas pode ser feito se você um dia quiser ter um patrimônio relevante.

 Eu tive a sorte de aprender a nunca estar nesse estágio vendo os erros cometidos por outras pessoas, então, felizmente, nunca na minha vida como adulto precisei passar por esse tipo de situação. No entanto, lembro muito bem após o divórcio de meus pais e em algumas fases anteriores a isto quando não tínhamos recursos para fazer ou comprar muitas coisas. Minha mãe teve que começar a trabalhar perto dos seus 40 anos começando do nada após meus pais se separarem, mas felizmente com o tempo ela teve uma ótima carreira e conseguiu se aposentar com um bom patrimônio. Mas ela teve que se virar e começar lá de baixo e acabou progredindo bastante ao longo dos anos. Durante minha adolescência, ela estava começando a sua carreira e meu pai estava montando uma empresa e, nessa época, acabei percebendo, sem saber de muitos detalhes, que em alguns momentos eles tiveram que se endividar e acabamos tendo que viver com o mínimo de lazer por um bom tempo. Meus avós nos ajudaram e com eles é que eu fazia algumas atividades de lazer que custavam mais dinheiro: restaurantes, idas ao jockey club, e até uma viagem cuja passagem ganhei dos meus avós para ir aos Estados Unidos. Nessa viagem lembro que como não tinha levado muito dinheiro, eu ficava a maior parte do tempo sozinho com minha tia enquanto meus primos estavam na escola e meu tio trabalhando, e, então, eu via bastante televisão, o que acabou ajudando com meu inglês. Fui para lá com poucos recursos para gastar o mínimo possível, mas eles me levaram um fim de semana a Orlando e fui até ver algumas cirurgias que meu tio fazia como médico. Foi uma ótima viagem e consegui fazer sem gastar quase nada na época (graças a generosidade dos meus avós e meus tios), porém essa foi uma exceção nessa época na minha vida. Mais tarde, tanto meu pai quanto minha mãe melhoraram sua condição financeira, mas eu já estava na faculdade e trabalhando, então tinha o meu dinheiro para viver e gastar. Essas experiências e a oportunidade que busquei através de meu estudo e dedicação, me permitiram conseguir um bom emprego após a faculdade, o que me proporcionou nunca ficar endividado. Até porque sempre evitei as compras caras e por impulso. Eu tinha dinheiro para dar uma entrada e comprar, na época, um Audi A3 que era o carro da moda para minha idade (no início dos anos 2000) mas optei por comprar um Fiat Pálio e depois um Renault Clio Sedan, ambos pagos à vista com o que tinha economizado e sem nenhum financiamento. Eu evitei assim as armadilhas que me fariam cair numa vida com endividamento. Seria legal ter o Audi? Óbvio. Mas muito melhor pra mim, desde então, era ver o meu dinheiro aplicado e crescendo ao invés de pagar juros de dívida para bancos.

Com persistência você vai chegar no seu objetivo e pagar todas suas dívidas começando sempre pela de maior taxa de juros e progredindo para as de menores juros. Então, sem boa parte da renda sendo consumida com juros e dívidas, rapidamente você vai construir seu fundo de emergência de pelo menos 6 meses. Isso lhe dará tranquilidade e uma proteção para nunca mais se endividar novamente. Com dívidas pagas e fundo de emergência completo, estaremos entrando já num estágio muito melhor da nossa vida, onde podemos aproveitar muito mais, mas ainda alertas para evitarmos armadilhas e com escolhas a fazer para acelerar ou retardar nossa aposentadoria.

7.2- Sem dívidas, trabalhando e ainda investindo para a aposentadoria

Esse é o estágio em que, em geral, passamos a maior parte de nossas vidas, se nos organizarmos suficientemente para sair da fase em que estamos endividados. Algumas pessoas que não têm um orçamento balanceado e controle sobre o que gastam podem ficar no período anterior por toda sua vida, sempre quase se afogando em dívidas. E nunca vão avançar para o estágio em que podem se preparar para ter paz financeira. O tempo em que ficamos nessa nova fase depende de vários fatores: o quanto se guarda (15% da renda ou mais), o quanto se gasta, o quanto se pretende gastar ao estar aposentado, o custo da casa própria e se vai ficar nela após se aposentar, etc.

Antes de entrar em assuntos específicos desta fase, gostaria de fazer outra reflexão que acho importante para toda vida, mas especialmente para esse estágio em que nossas contas estão equilibradas e não temos nenhuma dívida. Relembrando que 80% do nosso sucesso financeiro vem do nosso comportamento com o dinheiro, quero discutir sentimentos que andam lado a lado e que observo que muitas pessoas acabam se entregando a eles e tomando várias decisões impulsivas e danosas a sua situação financeira. Esses sentimentos são a inveja e o orgulho.

Nossa sociedade sempre teve esses sentimentos como os maiores impulsionadores de decisões e compras idiotas. O processo sempre foi o sentimento de inveja pelo que o outro tem seguido pela compra e sentimento de orgulho (passageiro) por ter comprado um item semelhante ou melhor. E isso vale para casa, roupa, carro, viagens, restaurantes, etc. No passado, as comparações ocorriam sempre em situações de alcance mais restrito: os vizinhos, parentes, colegas de trabalho ou da escola etc. Mesmo não precisando de um item ou de trocar algo por um modelo mais novo, ver um conhecido fazendo isso acaba gerando primeiro inveja e depois uma vontade de também adquirir o mesmo item. Ou, às vezes, por orgulho você é o primeiro a comprar aquele carro novo e mostrar para toda a vizinhança. Eu lembro bem de algumas situações em que isso aconteceu ao longo da minha vida. Uma das vezes que lembro bem era de um vizinho da casa na praia da minha avó que, lá pelos anos 90, chegou na nossa rua com o novo Monza, que na época era um ótimo carro. Todos na rua foram lá para casa dele olhar e admirar o novo carro. A maioria saiu com aquela ponta de inveja e vontade de comprar algo semelhante, o que é um sentimento completamente normal.

    Se você quiser fazer um experimento para demonstrar como as pessoas em geral têm esse sentimento de inveja, basta tentar contar para quantas pessoas você falaria sem problemas que ganhou um grande aumento no emprego, ou acabou de pagar a sua casa, ou recebeu uma herança e, quando soubessem da novidade, essas pessoas ficariam verdadeiramente felizes por você. Eu sinceramente duvido que você passe dos dedos de uma mão ao contar essas pessoas.

Existe um filme bastante interessante sobre isso chamado "The Joneses" (Amor por Contrato, no Brasil), lançado em 2006, onde a ideia é exatamente essa: era uma família aparentemente perfeita que se mudava para um bairro de classe média alta dos EUA que fingia ser composta por pessoas normais, mas que na verdade eram atores que estavam lá para empurrar produtos para os vizinhos. Eles apareciam com o carro X e os vizinhos iam lá e compravam igual, compravam a roupa Y, o eletrodoméstico Z e o processo se repetia pois todos os moradores da redondeza queriam ser como aquela família perfeita e esse comportamento de compras iam se propagando pela cidade. É um filme bastante interessante que expõe e escancara aspectos de nossa sociedade que são abjetos.

Isso era ainda antes da existência de mídia social, onde a base de comparação agora é basicamente qualquer pessoa do mundo. Isso, na minha opinião, piorou exponencialmente os sentimentos de inveja e orgulho da sociedade em geral. Não estou falando que são serviços que apenas fazem mal - quando bem utilizados para buscar dicas, notícias, ideias, etc. são de valor inestimável. Porém, muitas pessoas, infelizmente, vão querer se comparar com o topo do topo dos milionários do mundo e vão se sentir mal por não terem uma vida semelhante. A única coisa que isso vai gerar é inveja, tristeza e potencialmente compras por impulso para, ao menos, ter ou fazer alguma coisa que uma certa celebridade está fazendo. Isso não se restringe apenas às pessoas super ricas. Os usuários que usam social media e postam em social media postam normalmente dois tipos de coisa: algo que está fazendo que é muito legal ou algo terrível que está acontecendo. Eles querem ou se exibir ou que sintam pena deles. No meio disso temos, é claro, pessoas que postam dicas, notícias etc. mas é uma minoria. Especialmente para gerações mais novas, eu observo que isso gera apenas sentimentos ruins e que acabam aumentando os índices de depressão. Por que ainda não estou no meu jato particular indo pra ilha do Caribe ao invés de estar aqui trabalhando 40 horas por semana e sem dinheiro para esses luxos? Deixa eu tentar compensar isso ao menos tendo o novo iphone e entrando em 15 parcelas para pagá-lo mesmo tendo outro celular que funciona perfeitamente bem, mas com o novo iphone eu posso postar e mostrar que tenho esse item de luxo e que é o mesmo da celebridade X ou influenciador Y. Esse é o tipo de pensamento que é o normal, infelizmente. E por essas razões as pessoas que têm muitos seguidores em mídia social são chamadas de *influencers* ou influenciadores, pois elas realmente influenciam o comportamento das pessoas. Nesse caso, temos que cuidar muito quem seguimos pois alguns desses *influencers* vão tentar vender qualquer coisa que eles estejam sendo pagos para empurrar e, portanto, os produtos indicados nem sempre tem uma qualidade boa ou é realmente usado pelo tal influenciador.

Como sei que muitos leitores podem saber que minha esposa é considerada uma *influencer* por ter muitos seguidores segundo alguns padrões, é válido esclarecer que no caso dela, ela só recomenda produtos e serviços que tenhamos usado ou conhecemos muito bem. Foram inúmeras as ocasiões em que ela negou promover produtos que não eram usados pela nossa família como produtos com adoçante para criança, ou fralda de certa marca diferente das que usávamos, etc. Ela não finge ter uma vida que não tem e 99% das dicas que ela dá são de experiências dela e não propagandas pagas. Ela poderia, na verdade, ter uma renda muito maior se não fosse guiada por esses princípios e também, se buscasse tornar o perfil dela mais "comercial", ou seja, fazendo propaganda de qualquer coisa.

O ponto aqui é que temos sempre que lembrar que o que está sendo postado é quase sempre o melhor da vida de alguém, ou, em menor número, o pior. Controlar esses sentimentos de inveja e orgulho nessa fase da vida é imprescindível, para nunca voltar a ter dívidas e para conseguir acumular riqueza.

Uma das características que eu e minha esposa temos que possibilitou que a gente adquirisse a independência financeira foi exatamente nunca se importar com o que as pessoas ao nosso redor tinham ou faziam. Eu já mencionei antes que eu tinha provavelmente o carro mais simples das pessoas com meu cargo no meu emprego em SP. Também quando morávamos em HK, no metro quadrado mais caro do mundo (o apartamento pertencia ao banco e não tínhamos custo), lembro que compramos um Honda Fit. Era engraçado pois, no nosso bairro, não faltavam Porsches, Ferraris, Lamborghinis, etc. mas para a gente, não fazia sentido algum gastar um monte em algo que mal íamos usar. Em 2 anos e meio lembro que, ao ser transferido, vendi o carro pelo equivalente a cerca de 3 ou 4 mil dólares a menos do que gastei na compra e o carro tinha menos de 4 mil quilômetros rodados, pois lá o transporte público é excelente e barato, sendo até mais rápido do que usar o carro. Nosso carro era usado basicamente para ir ao supermercado, até um shopping para ir ao cinema e, às vezes, para áreas mais distantes como Stanley ou praias nos *New Territories* que eram mais complicadas de acessar com transporte público. Tínhamos recursos para comprar carros muito melhores, mas ao invés de perder US$4 mil, poderíamos ter perdido US$20 mil, US$30 mil dólares ou até mais se tivéssemos comprado um carro de luxo lá. Decisões como essa, quando levadas para todos os itens, até os pequenos, fazem muita diferença. Outro exemplo: todas as vezes que viajávamos, e praticamos isso até hoje, nunca escolhemos ficar no hotel mais caro - sempre buscamos pegar um hotel confortável, mas que não tivesse uma diária absurda. Se vamos passar o dia inteiro fazendo turismo e passeando pela cidade de Osaka ou Kyoto, por exemplo, para que preciso de luxo para tomar um banho e ir dormir? A gente também nunca viajou de avião de *business* ou primeira classe quando estivéssemos pagando do nosso bolso. Pagar mais de mil ou dois mil dólares, ou mais, cada para ter uma noite um pouco melhor no avião nunca me pareceu uma decisão sensata até porque sabemos bem a diferença entre as categorias, pois pelo banco viajava dessa forma seguidamente. Usando milhas ou pagas pelo empregador, sem problemas, mas pagar um preço que não pagaria para nenhum hotel para ficar na classe *business* de avião? Nem pensar. E veja que fizemos algumas viagens muito longas, mas muito longas mesmo. Fui uma vez de Hong Kong para Porto Alegre e foram 43 horas *door to door*, ou seja, do momento que saí de meu apartamento em HK e cheguei na casa dos meus avós em POA. O trajeto foi Hong Kong, Nova York,

São Paulo e Porto Alegre com várias horas de espera e com um trecho de mais de 16 horas dentro do avião. Cheguei exausto? Obviamente. Mas valeu os US$5 mil dólares de diferença para ficar um dia um pouco mais cansado? Também obviamente que valeu. Quando escuto alguém de classe média alta falar com o peito cheio de orgulho que foi para tal lugar de *business* ou primeira classe, não devemos sentir nada de inveja pois é apenas um sinal que essa pessoa não sabe cuidar do próprio dinheiro e vai trabalhar por muito mais tempo do que desejaria, provavelmente.

Essa longa introdução para esse estágio da vida é para deixar bem claro que você deve cuidar do seu próprio umbigo e tentar atingir seus objetivos sem ficar se comparando com aqueles ao seu redor e nem tentar parecer melhor ou mais rico do que essas pessoas ou do que você é. Viva sua vida para você e sua família.

Nessa fase sem dívidas, os dois maiores objetivos a serem alcançados são: casa própria paga e recursos guardados para a aposentadoria. Quando você não tem mais dívidas e não se endivida mais, seu orçamento pode ser expandido para ter mais atividades de lazer, mas o ponto principal é adicionar uma linha para guardar recursos para a aposentadoria (15% da renda bruta como falado anteriormente) e economizar recursos para a compra da casa própria.

No estágio anterior, para pagar as dívidas, você estava comendo praticamente arroz, feijão e ovo e sem nenhuma atividade de lazer, para jogar todo dinheiro que sobrava na quitação de dívidas. Agora, você pode realinhar o seu orçamento e adicionar linhas para suas atividades de lazer favoritas como cinema, restaurantes, viagens, mas sempre lembrando de adicionar a linha de, no mínimo, 15% para aposentadoria. Se você já está mais velho e só está começando a economizar agora, talvez você tenha que ser mais radical e economizar 20% ou até 25% da sua renda. Use a tabela do capítulo 4 para ter uma noção do que você vai precisar colocar no seu orçamento para atingir o montante desejado para se aposentar. A tabela está feita para quem ganha R$10.000, então seu você ganha R$20.000, basta multiplicar os valores dela por 2 e observar se na coluna *Valor Presente* você vai ter o montante necessário para se aposentar (valor trazido aos dias de hoje). Lembrando que o valor necessário é o que você gasta no ano inteiro dividido por 5% (ou multiplicado por 20). Saiba que isso é uma aproximação usando um retorno médio de 10% nos investimentos e uma inflação média de 4% ao ano. Com 5% ao ano do valor acumulado, em princípio você poderá viver sempre com sua renda sem tocar no montante principal e, se os parâmetros históricos se manterem, a rentabilidade que sobra será suficiente para corrigir o principal pela inflação. Dessa forma, ajuste seu orçamento de acordo com o que você estima precisar guardar ao mês para aposentadoria.

O outro item de extrema importância é comprar e pagar por completo a casa própria. O nosso maior custo mensal, geralmente, é a moradia, que não deve passar de 30% da nossa renda líquida, após impostos. O ideal é manter todos esses custos (incluindo impostos e seguro) abaixo de 25% conforme já explicamos. Faça o seu orçamento de acordo com esses princípios e tente guardar recursos para uma entrada em uma casa ou apartamento, buscando o menor prazo possível de financiamento que caiba em seu orçamento seguindo esses limites. Com o passar do tempo, sua renda normalmente vai aumentar ao receber aumentos salariais, promoções ou, se empreendedor, sua empresa evoluir. Nessas ocasiões, o ideal é ajustar o orçamento de forma que você pague o quanto antes a casa, pois evita o pagamento desnecessário de juros para o banco e, quando quitada, vai te liberar do maior item de gasto mensal. Essa quantia liberada, pode ser direcionada para mais lazer ou para guardar ainda mais para a aposentadoria, o que vai acelerar o atingimento do seu objetivo financeiro final.

Nessa fase também é possível voltar a fazer caridade que é algo bastante nobre e recomendado. Uma vez que tenhamos um orçamento superavitário (que sobra dinheiro) podemos separar um certo percentual para doações para instituições de caridade ou a igreja que você frequenta. Além de dinheiro, você também pode contribuir com trabalho voluntário, itens que não usa mais etc. No estágio anterior, qualquer tempo livre deveria ser usado para tentar aumentar a renda e os itens que não se usavam mais deviam ser vendidos para amortizar o saldo das dívidas, mas agora, sem ter dívidas, você pode usar o tempo ou itens para doação.

Com o seu orçamento equilibrado também é importante analisarmos como ficaria nossa situação financeira em caso de uma tragédia como a morte de ambos provedores ou um dos provedores da família. Para casais, tanto com ou sem filhos, temos que estar preparados para uma eventualidade para não adicionar problemas financeiros a uma situação já trágica. Enquanto não se tem um volume grande investido, é preciso ter um seguro de vida por um certo prazo até que a família possa se recuperar financeiramente da perda de renda devido a morte ou incapacidade de trabalhar. Obviamente se ambas pessoas trabalham, não têm filhos e ganham o suficiente para cobrir as despesas da casa com renda única, o seguro não é necessário. Porém, de modo geral, faça um seguro de 10 anos, ao menos, para cada um que contribui com a renda da casa no valor de 10 vezes o salário anual de cada pessoa. Por exemplo, a esposa tem R$90 mil por ano de renda e o marido R$80 mil, nesse caso, é importante um seguro de vida por pelo menos 10 anos de R$900 mil para ela e de R$ 800 mil para ele. Isso dará tranquilidade financeira caso alguém sofra algum acidente ou doença e não custa muito caro, pois é um seguro por tempo determinado de pessoas normalmente jovens nessa fase. Uma pessoa de 30 ou 40 anos tem chance muito baixa de morrer nos próximos 10 anos e, portanto, seguros com prazo de duração deste tipo não têm preços abusivos. Normalmente também, em 10 anos, é tempo suficiente para acumular uma boa quantidade de riqueza investindo ao menos 15% da renda e eventualmente as pessoas se tornam *self-insured*, ou seja, em caso de morte, o dinheiro guardado é suficiente para a família se reorganizar financeiramente para viver com nessa nova situação. No nosso caso, recém-casados, nós mudamos para HK e a minha esposa parou de trabalhar e, portanto, fiz um seguro desse tipo para o caso de eu morrer repentinamente. Com o tempo, guardamos dinheiro suficiente através da nossa economia e rendimentos dos investimentos para aí sim cancelar o seguro. Em caso da minha morte, minha esposa teria vários anos de segurança para se organizar com o que tínhamos guardado.

Conforme comentado acima, essa é a fase em que, se somos organizados e seguimos os passos desse livro, vamos passar a maior parte da nossa vida. A velocidade em que vamos acumular recursos para poder se aposentar, vai depender muito do estilo de vida que vamos viver. Porém, eu acho importante termos um bom balanço para que nossa trajetória nessa fase seja agradável. Sempre achei importante termos atividades de lazer e algumas compras supérfluas (com o *mad money*) para que o caminho até aposentadoria fosse agradável e não um sacrifício como deve ser feito durante o período com dívidas. No entanto, existe um movimento nos EUA chamado de FIRE (*Financial Independence, Retire Early*) que está tendo uma certa adoção pelas novas gerações que acho interessante comentar sobre. É um movimento extremo onde você vive com o mínimo possível e guarda o máximo de dinheiro que você consegue por um certo tempo, com o objetivo de se aposentar aos 30, 35 ou 40 anos. E depois vai viver sempre com quase o mínimo para o resto da vida. Cada um tem seu gosto e se sentir satisfeito dessa forma, ótimo, mas para mim isso é muito extremo. Além disso, esse método normalmente não prevê a constituição de uma família com filhos, normalmente para manter os custos baixos e moram praticamente em cubículos ou em lugares remotos.

Eu acho que acabamos tendo uma vida com maior satisfação com um meio termo. Acho válido evitar gastos desnecessários para apenas alimentar luxos, mas também respeito e tenho muitos amigos que preferem curtir hoje os luxos de que gostam e se aposentar muito mais tarde aos 60 anos ou mais. Essas são as decisões que, mesmo pequenas se olhadas individualmente, fazem muita diferença a longo prazo. Se você for tomar café da manhã fora todos os dias, gastar muito em restaurantes, comprar sempre no Pão de Açúcar ou no Empório Chique X ao invés de um mercado mais barato, comprar as roupas da marca mais cara etc, é óbvio que vai levar mais tempo para você se aposentar. Você deve refletir e decidir o que você preza mais para sua vida. Eu queria me aposentar cedo e acabei chegando nesse ponto aos 40 anos, mas garanto que com o mesmo salário poderia ainda estar trabalhando se tivesse outros hábitos e sempre gastasse muito mais.

Uma das regras que aprendi ao longo do tempo é que, para produtos em geral, muito raramente vale a pena pagar pela marca ou modelo mais caro. Para termos, por exemplo, uma melhora de 5% na qualidade de um fone de ouvido, às vezes o custo é mais do que o dobro do aparelho que tem 95% das funções e qualidade. E isso vale para tudo: desde produtos de supermercado até para carros e casas. Uma tv aqui de US$5.000 vai ter quase os mesmos recursos de uma de US$2.000 e a diferença de qualidade de imagem vai ser quase imperceptível (falo por experiência própria pois não consigo distinguir diferença entre minha tv de OLED e a de LCD que custou menos do que a metade sendo maior - nesse caso quis experimentar uma novidade do mercado quando mudei para cá apenas para saciar uma curiosidade e acabei apenas vendo que gastei mais sem a diferença na qualidade ser proporcional à diferença de preço). E nas coisas pequenas isso também vale muito: a manteiga Presidente que custa duas vezes mais não é duas vezes melhor, a água Perrier continua sendo ainda água com gás etc. Experimente as marcas do supermercado pois às vezes são ótimos substitutos com qualidade semelhante e preço mais baixo. Aos poucos gastos pequenos se acumulam e se tornam grandes custos, atrasando seu objetivo final. A gente adorava ir no Ráscal em São Paulo que achávamos ser um bom restaurante e tinha um bom custo-benefício na nossa opinião, mas sempre evitei ir em um Fasano da vida para comer o mesmo prato de massa (mas sem o buffet) ainda pagando duas vezes mais. Simplesmente não vale a pena.

Compras por impulso também são um obstáculo para acelerar o acúmulo de dinheiro. Sempre pense muito antes de qualquer compra quando a novidade da vez aparecer, tanto em moda, carro, viagem ou atividade. Você tem que analisar se realmente vai usar o produto por muito tempo e se o preço é razoável e cabe no seu orçamento. Eu lembro de um grande amigo meu que caia em todas as novidades. Ele ia lá jogar tênis um dia, se emocionava e comprava todo o material: raquetes, roupas, bolas, sacolas de tênis etc. E aí passavam dois ou três meses e ele conhecia algum outro esporte como boxe. Comprava luvas, calções, sacos para praticar e o ciclo se repetia até a próxima novidade. Tudo ficava depois guardado em armários pela casa para nunca mais serem usados. O mesmo vale para moda. Eu brinco com a minha esposa que no dia que modelos e propagandas incentivarem, as mulheres vão andar com um pinico na cabeça se falarem que é a nova tendência ou *trend*. A meu ver, moda nada mais é do que uma invenção para te fazer comprar mais roupas. Falam que as roupas novas que você tem atualmente não podem ser mais usadas porque não são mais "da moda" e, portanto, você tem que comprar outras novas. Isso é um golpe. Evite cair nessa balela comprando roupas frequentemente, ainda mais se forem mais caras. Até hoje eu uso minhas roupas até elas se desintegrarem (mesmo sob grandes protestos da esposa) e sempre evitei roupas de marcas caras. Um truque para as mulheres é não cair no modismo do mês, evitando *fast fashion* e procurar comprar, desta forma, roupas de modelo mais clássico e duradouro. Ou olhe no fundo do seu armário que garanto que várias roupas lá de 5 ou 10 anos atrás já voltaram à moda mais uma vez. Lembro que nos anos 2000 as pessoas riam daquelas calças que iam lá em cima até a cintura para as mulheres, sendo que hoje só vemos esse tipo de calça novamente e a calça de cintura baixa virou um horror. Eu sinceramente acho engraçado como as pessoas se deixam serem manipuladas tão facilmente. Temos que parar de comprar coisas que não precisamos para acelerar nossa independência financeira.

E nessa fase da vida é muito importante nos cercarmos de pessoas que têm estilos de vida semelhantes aos nossos. Já mencionei que é de extrema importância que seu marido ou esposa tenham os mesmos objetivos financeiros. Não adianta um economizar enquanto o outro gasta loucamente e cria dívidas. Mas também é muito importante que você conviva com amigos e parentes com hábitos e programas que possibilitem você manter o seu orçamento sob controle. Se você tem amigos que querem sair todos os dias do fim de semana, pedir bebidas caras, fazer viagens a toda hora etc, você vai atrasar muito sua aposentadoria. Assim, tenha no seu círculo de amigos pessoas que tenham programas e gastos compatíveis com o que você quer ter. E caso alguns amigos exagerem quando saem, não fique com vergonha de pedir sua conta em separado. Muitas vezes saía com meus colegas de banco e sempre pedia para que meus gastos fossem separados, já que na primeira vez eles pediram vários vinhos caríssimos (que não bebo) e no final tive que dividir a conta. Cometi esse erro uma vez e nunca mais, sempre pedindo para ter minha conta separada nas outras ocasiões, mas até hoje eles tiram sarro que vão sair e mandar a minha parte da conta dos vinhos para eu dividir. Tudo bem me chamarem na época de pão-duro, falar que atravesso rio com sonrisal na mão com ele intacto etc. Ainda preferia ter mais dinheiro para investir mais e acelerar minha aposentadoria.

Fica impossível discutir aqui em um livro todas as situações que podemos ter na nossa vida durante essa fase, portanto a mensagem principal é: faça seu orçamento de forma que você tenha dinheiro para comprar sua casa e investir na sua aposentadoria, nunca se endivide novamente, invista conservadoramente durante décadas e assista pacientemente seu dinheiro crescer, fazendo ajustes ao longo do caminho. Se você seguir essa fórmula, você será um milionário e terá uma aposentadoria tranquila.

7.3- Aposentado e Usando os Recursos Investidos

Chegamos aqui no ponto da vida onde nossos objetivos financeiros foram alcançados e podemos viver contando apenas com os recursos que acumulamos no passado. Esse é o ponto em que me encontro atualmente e é onde qualquer pessoa que seguir os passos descritos nesse livro eventualmente vai chegar. O tempo que vai levar depende de inúmeros fatores que já discutimos como idade em que começa, estado inicial das finanças (se tem dívidas ou não), intensidade em que corta gastos e acumula dinheiro, etc. Mas um dia você vai chegar lá. Tenha certeza disto.

Como nos outros estágios da vida discutidos acima, gostaria de também fazer uma reflexão sobre outro aspecto da nossa sociedade que acaba nos afetando e atrasando a entrada para essa última fase: a ganância. Quando chegamos no ponto em que já temos dinheiro o suficiente guardado, que é 20 vezes o que esperamos que nossa despesa e gastos anuais serão no futuro (acumulado em investimentos, sem contar com casa própria), muitas vezes ainda continuamos trabalhando, pois muitas vezes temos a vontade de acumular ainda mais. Um pouco de ganância, no sentido de querer mais para melhorar sua situação e de sua família, não é problema algum pois vai te impulsionar durante a vida e até te ajudar a trabalhar com maior vontade, buscar mais educação etc. Porém, se você consegue chegar no ponto em que já tem mais do que o suficiente para parar e quer continuar apenas para ter mais sem a perspectiva real de gastar esse dinheiro no futuro, você apenas está se negando a descansar depois de tantos anos de luta e disciplina para acumular os recursos necessários. Você já trabalhou muito para atingir seus objetivos e merece agora a recompensa. Eu entendo se você quiser ir mais um, dois ou três anos para ter uma segurança extra e chegar a 25 ou 30 vezes o gasto anual, mas defina um número final com o qual você esteja confortável e tenha a força para parar. Em alguns casos, como empreendedor, você montou sua empresa e fez com que ela crescesse e lhe gerasse toda essa renda, mas, se você não quer passar ela para seus filhos, eventualmente você deve contemplar vendê-la e poder aproveitar os frutos de seu trabalho. Toda mudança é difícil e parar de fazer o que estamos fazendo há décadas é complicado e gera incertezas. Porém, se você fez seu dever de casa, você vai conseguir manter seu padrão de vida e desfrutar de sua aposentadoria. Você tem que colocar na sua cabeça que você merece isso.

Eu conheço bem esse sentimento pois minha decisão de parar só aconteceu porque fatores que eu não controlava acabaram me fazendo refletir e chegar a essa conclusão. Eu mencionei isso brevemente quando falei sobre minha trajetória, porém acho que vale a pena detalhar um pouco mais o meu racional para me aposentar. Eu estava trabalhando na mesma instituição já há 17 anos e tinha passado por várias das principais sedes dessa empresa ao redor do mundo. Quando solicitei minha volta para o Brasil por motivos pessoais (precisava do melhor tratamento para conseguirmos engravidar), eu sabia que meus ganhos sofreriam uma redução significativa devido ao nível da compensação local de cargos semelhantes e conversão de moedas (saindo da Inglaterra para o Brasil). Mesmo assim, eu ainda tinha uma remuneração que devia estar entre os 0.5% mais altos do Brasil e estava trabalhando em um lugar onde conhecia a maioria das pessoas há décadas, tinha um ambiente totalmente amigável, tinha bom relacionamento com o CEO, ou seja, era basicamente ir todos os dias para um local e trabalhar com seus amigos, com os quais até hoje mantenho contato. Tínhamos nossas metas e obrigações, mas era uma situação profissional bastante agradável. Com o passar do tempo, tivemos sucesso com relação ao nosso problema médico e tivemos filhos gêmeos, o que gerou um receio maior com relação à situação de segurança no Brasil, oportunidades futuras para eles, atividades de lazer disponíveis etc, e começamos a planejar nossa volta para o exterior. Gostaria, na época, de ter sido transferido de volta para os EUA, porém, nesse meio tempo, a sede local do banco em que trabalhava foi vendida, impedindo esse tipo de transferência. Após um ano de espera até que a venda fosse concluída (até obterem as aprovações necessárias), acabei ficando em uma posição em que já não conhecia mais as pessoas que tinham o controle das operações, não estava gostando do cargo e função que haviam me oferecido e decidi buscar opções para ir embora. Fiz a pesquisa e descobri que teria tipos de visto que me permitiriam emigrar para os EUA sem a necessidade de um empregador. Além disso, vi que já tínhamos recursos guardados equivalentes a bem mais do que as 20 vezes de custos estimados necessários. Nesse ponto tive que lutar um pouco contra a ganância pois minha remuneração não seria afetada significativamente. A gente, às vezes, tenta justificar continuar trabalhando pensando nos filhos: a cada ano que trabalhar a mais aqui vou ter um volume maior para deixar para eles. Se eu estivesse ainda no ambiente de trabalho anterior, com certeza acabaria trabalhando alguns outros anos sem perceber que poderia já manter o mesmo estilo de vida, mas no país que eu queria estar e dando as oportunidades para minha família que eu acho ideal. A mudança causada pela venda, que inicialmente achei ser péssima para mim, na verdade foi uma benção para nossa família. Nos organizamos e em um ano estávamos nos EUA. Inicialmente, minha ideia era trabalhar aqui, mas acabei optando por passar mais tempo com meus filhos. Antes saía de casa às 7 da manhã e voltava perto das 7 da noite, o que limitaria muito meu tempo com a família. Sei que não é comum chegar nesse estágio da vida ainda com os filhos pequenos e hoje sei que foi a decisão mais acertada, pois também nos permitiu viver no local onde mais queríamos, que não oferece muitas posições na área do mercado financeiro em que eu trabalhava.

Com relação à ideia de trabalharmos mais para sustentar ou deixar uma maior herança para nossos filhos, eu acho que apesar desse pensamento inicialmente parecer nobre e altruísta, no fundo podemos até estar atrapalhando o desenvolvimento deles. Na minha opinião, temos sim que dar a eles uma boa educação e condições para terem oportunidades na vida, mas nada mais. Acredito que situações muito favoráveis vão fazer com que as pessoas fiquem mais fracas. Não estou falando aqui em tornar atitudes para que os filhos sofram de alguma forma, mas eles precisam entender que só através do trabalho, esforço, estudo e dedicação eles vão poder suceder na vida, não só financeiramente, como também com um sentido de satisfação por ter construído algo e contribuído para a sociedade como um todo. Eu estudei em uma escola normal de Porto Alegre e tive meus perrengues na vida e acredito que me fizeram mais forte e me educaram desde cedo a guardar dinheiro e ser independente. Se hoje alguém fala para seus filhos que tem dinheiro no banco o suficiente para eles viverem sem trabalhar, sabe o que acontece? Eles, na maioria das vezes, nunca vão se esforçar ou se dedicar para fazer nada e vão ficar esperando você morrer. Esse tipo de conversa podemos ter quando eles forem adultos e tiverem uma carreira, de forma que não prejudique a determinação deles em criar uma vida para si próprios.

Voltando um pouco à equação financeira para uma aposentadoria tranquila, lembre-se também de que, eventualmente, é possível que você receba uma pensão extra além do que você já guardou para gerar renda durante a aposentadoria. Esse número que você recebe do governo, ou de alguma outra previdência privada, pode te ajudar a reduzir o número que você precisa ter guardado para viver tranquilamente. Pegue o que você vai ganhar ao ano de pensão e reduza do valor de gastos que você planeja ter anualmente para então multiplicar por 20 e ver se o valor que você tem investido já é suficiente. No meu caso aqui, por ter me aposentado cedo, nem contei com esse valor, mas a partir dos 67 anos vou ter uma pequena renda extra de uma previdência privada que tinha com meu empregador mais um mínimo da previdência pública aqui (se isso existir até lá, pois nunca se sabe).

Outro ponto que podemos analisar quando chegamos nesse ponto na vida é o local onde queremos viver nesse período. Na verdade, essa pode ser a diferença entre poder se aposentar ou precisar continuar trabalhando. Se eu tivesse optado por, ao voltar para os EUA, morar em Manhattan, com certeza eu teria que analisar as nossas finanças diferentemente, pois nossos gastos provavelmente seriam mais do que o dobro (talvez triplo ou mais), nossos impostos seriam mais altos e a conclusão seria que eu teria que continuar trabalhando se quisesse morar em NYC. O mesmo vale para todos: nesse estágio da vida vale a pena analisar onde é mais conveniente e econômico para você morar. Obviamente que não são apenas os fatores financeiros que pesam nessa hora, mas também onde mora a família e amigos, gosto pessoal de onde quer morar etc. Mas se você tiver uma mente aberta e disposição para mudanças, você pode analisar ir para outro estado ou até outro país, como nós fizemos. Nossa decisão de escolher os EUA foi, em boa parte, guiada por achar que é um país onde nossos filhos podem ter uma boa educação e ótimas oportunidades, mas caso nossos filhos já fossem crescidos (ou não tivéssemos filhos), com certeza consideraríamos outros países ou até também localidades no interior do Brasil. É importante nesse momento checar as consequências fiscais, como seus investimentos serão tratados, os passos para obtenção de residência etc. Países como Portugal, Espanha, Panamá, Uruguai, entre outros, têm recebido muitos brasileiros nessa fase da vida pois têm vantagens fiscais e facilidades para obtenção de visto de residência. O ponto importante é que o custo para viver, por exemplo, no interior de

Santa Catarina é muito mais baixo do que em São Paulo. Assim, você ainda pode vender sua casa nesse local e comprar uma às vezes muito mais barata no seu destino e a diferença vai aumentar o seu montante investido, proporcionando maiores rendimentos, agora num local com menores custos. A mudança para uma nova localidade pode ser o estopim que permita você a se aposentar. Outra razão para vender a casa própria até sem mudar de cidade é não precisar mais de tanto espaço, uma vez que os filhos já tenham saído de casa. Vale a pena estudar o assunto caso tenha disposição para uma realocação.

Nesse estágio da vida, nossos custos geralmente também caem pois normalmente já temos a casa própria e então o custo de moradia fica reduzido (condomínio, imposto e seguro apenas), os filhos normalmente já saíram de casa e, portanto, você tem menos gastos com alimentação e educação, a linha de 15% da renda que ia para aposentadoria também é eliminada pois você já economizou o suficiente, custos de transporte também são menores sem a necessidade de ir e vir do trabalho diariamente etc. Lembre-se de ajustar os gastos ao calcular se você está pronto para se aposentar. Não assuma que seu orçamento ficará o mesmo. Você deve usar o orçamento mensal do que serão as novas despesas/atividades ao estar aposentado, multiplicar por 12 e depois multiplicar por 20 para ver se o valor que você tem investido é suficiente. No nosso caso, a mudança para os EUA não teve um efeito grande nos nossos gastos, ou seja, não tivemos uma redução nesse período de aposentadoria, até porque somos um caso não muito comum onde, por parar de trabalhar cedo, ainda temos os filhos em casa e um tipo de gasto acabou sendo substituído por outro aqui na Flórida. Por exemplo, não tivemos mais gastos com escola pois aqui a escola pública é boa, porém o IPTU local é maior e uma coisa acaba compensando a outra. O valor do condomínio aqui é menor, porém os custos de água e luz são maiores e assim por diante. Faça então o seu cálculo para ter absoluta certeza de que vai conseguir viver com os juros recebidos do seu valor investido.

Como já estamos vivendo na maior parte com a renda de nossos investimentos, é muito importante lembrar de não usar tudo o que recebemos, pois temos (espero) décadas ainda pela frente de nossas vidas e não podemos esquecer de reinvestir parte da renda para manter nosso principal corrigido pela inflação. Por isso que sempre falo em usar no máximo 5% do que você recebe ao ano e usar a diferença (que historicamente será próximo de 5%) para reinvestir ajustando assim o montante investido de forma que você possa viver dessa forma para sempre. Se você esbanjar e gastar tudo o que recebe, em 20 anos você vai estar vivendo já com menos de 60% do que você vive hoje devido a deterioração do valor do dinheiro pela inflação. Já estamos aposentados há 6 anos e mesmo com a crise da pandemia e a alta inflação que ocorreu após esse período, estamos conseguindo manter o valor do nosso patrimônio e inclusive ainda aumentar o seu valor acima da inflação local.

Chegar nesse ponto da vida, onde temos a liberdade para escolhermos como vamos gastar nosso tempo, nos permite focar em outras atividades e fazer o que gostamos. Isso não quer dizer que não vamos trabalhar mais, mas significa que podemos fazer isso de acordo com os nossos termos. Em 2019, o banco em que eu trabalhava me procurou para fazer um trabalho de consultoria. Como pude escolher fazer isso remotamente de minha casa em Orlando e por poucas horas na semana, eu aceitei e trabalhei em um projeto por um ano. Também montei uma empresa para investir aqui em imóveis porque achava que seria rentável e uma boa experiência. Inicialmente tive um trabalho maior para conseguir resolver as questões iniciais, achar investidores, criar a documentação, escolher e comprar os imóveis, mas depois consegui tocar o funcionamento da empresa com algumas horas de trabalho (contábil principalmente) por mês. Acabamos vendendo os imóveis por eles terem apreciado muito, mas outro motivo pessoal que tinha é que era um trabalho que eu achei chato de se fazer, mesmo que fossem apenas algumas horas por mês. Nessa fase da vida, essa é a vantagem: você pode experimentar também novas coisas. Ou reduzir sua carga horária e continuar fazendo seu trabalho anterior, caso seja algo que você goste. Por exemplo, meu tio que é médico aqui nos EUA está já com mais de 75 anos, mas até o ano passado optava por trabalhar um ou dois dias por semana porque adorava o seu trabalho, mesmo podendo ter se aposentado há muitos anos. Você também pode achar novos hobbies que podem até eventualmente se tornarem uma fonte de receita. Agora eu estou aqui escrevendo um livro, ao ar livre, na beira da piscina, porque acho legal poder dividir essa experiência e ajudar outras pessoas - e estou gostando de escrever, algo que eu realmente não esperava.

Acho importante termos uma rotina nesse período da vida, que pode ou não incluir ainda um trabalho remunerado. Aumentar o tempo disponível para atividades de lazer e exercício físico são grandes vantagens dessa fase. Sem o estresse de ter que alcançar metas, enfrentar o trânsito diário, obrigações no emprego e longas horas, sua qualidade de vida com certeza melhora profundamente. Pesquisas mostram que, geralmente, os anos mais felizes da sua vida (ou com maior satisfação) são os anos em que você está já aposentado. Principalmente se você continuar ativo física e socialmente e se não tiver preocupações com dinheiro. Seguindo os passos descritos aqui, todos podem atingir ao menos o objetivo financeiro para ter tranquilidade nos anos de aposentadoria. Você normalmente já tem os filhos crescidos e, portanto, tem mais tempo para viagens, sair com amigos e outras atividades focadas em si próprio. Eu sinceramente achava que ia ficar um pouco aborrecido sem ter uma atividade obrigatória diariamente, mas acabei criando uma rotina que me dá hoje muita satisfação (mesmo tendo tido anos ótimos no meu trabalho). Hoje eu acompanho meus filhos nos esportes que eles praticam, levo e busco eles de bicicleta na escola, vamos em parques e outras atividades sem restrição de horário da minha parte, tenho tempo de me exercitar caminhando os cachorros, ajudo com as tarefas da casa, corto a grama e arbustos, cuido da piscina etc. Se eu estivesse ainda trabalhando, eu não teria como fazer boa parte dessas funções e teria que terceirizar o resto. O ponto aqui é que me sinto muito mais satisfeito hoje e acredito que foi uma boa decisão para mim e minha família ter trocado mais alguns anos de ótima remuneração pela vida que temos hoje. Essa é a reflexão que você tem que fazer e decidir, uma vez que tenha guardado o montante suficiente: se vale a pena continuar trabalhando por aquele sentimento de ganância e querer sempre mais, ou se é melhor já entrar no estágio onde você escolhe suas obrigações e pode fazer o que quiser da sua vida.

Quando chegamos nessa fase da vida, que é o momento em que já temos uma confiança grande do que teremos de recursos para nosso futuro, também é o momento em que podemos, às vezes, nos recompensar com algum item de maior valor que foi postergado até o momento de termos a independência financeira. Essa é uma das coisas com que tenho a maior dificuldade de lidar porque, como vivi a vida inteira sendo pão-duro e sem luxos em geral, sinto ainda uma "dor" ao ter certos tipos de gastos, pois ainda os vejo como desperdícios. Esse é um problema que eu tenho, mas que aprendi a racionalizar de forma que eu conseguisse superar alguns tipos de despesas. Por exemplo, recentemente ficamos aqui por um bom tempo com apenas um carro, pois vamos de bicicleta para a escola das crianças e nem eu nem minha esposa temos que ir para um escritório diariamente. Só que nesse último ano, o trabalho dela em mídias sociais, além de atividades fora do condomínio, começaram a fazer com que ela usasse o carro bem mais frequentemente e, às vezes, eu acabava ficando meio "preso" em casa em alguns períodos da semana (aqui em Orlando tudo é longe então quase tudo é feito de carro). Então, acabamos decidindo voltar a ter dois carros, porém, dessa vez, ao invés de eu comprar um carro pequeno e barato só para resolver o problema da falta de veículo para locomoção, decidi comprar um carro um pouco mais luxuoso porque nunca tinha tido essa experiência. Para conseguir me convencer a gastar esse dinheiro, usei o senso de proporcionalidade. Não dá para apenas pensar no valor nominal nesses casos. Você deve pegar e calcular percentualmente qual é o custo dessa compra comparado ao seu patrimônio. Se for algo não relevante, não vejo problema algum em, de vez em quando, você fazer esse tipo de compra. Você tem que se perguntar: se você pegar esse dinheiro, sacar do banco, e jogar no lixo, vai mudar algo no seu dia a dia? Se não vai alterar sua vida nesse estágio, você pode sim satisfazer essa vontade. Usando esse raciocínio, fui lá e comprei algo três vezes mais caro do que compraria normalmente na época em que ainda estava trabalhando e economizando para me aposentar. Até hoje acho que foi uma ótima compra pois, depois de alguns meses, como o item em questão foi pago à vista, você acaba esquecendo daquele gasto e ficando apenas com a satisfação de ter o item que você queria. Além disso, em alguns meses, seu rendimento vai já cobrir aquele gasto. O importante aqui também é lembrar que você deve comprar o que quer para sua satisfação e da sua família, e não para tentar impressionar alguém, conforme já discutimos anteriormente. Obviamente, são ocasiões raras - não dá pra, uma vez por mês, usar esse raciocínio porque aí sim vai fazer diferença "jogar no lixo" grandes montantes e você vai acabar destruindo o seu capital gerador da sua renda.

Hoje, também ainda eventualmente, temos outras rendas sem ser do dinheiro investido. A minha esposa ainda trabalha com mídias sociais e, nesse caso, podemos ter muito mais liberdade na forma em que gastamos o que ela ganha. Como trata-se de uma renda "extra", combinamos que ela pode pegar (após impostos) 50% de tudo que ela ganha e gastar com o que quiser. Os outros 50% a gente gasta em coisas para casa ou viagens. Dessa forma, ela, que também sempre se conteve a gastar seu *mad money*, agora pode comprar alguns itens mais caros que ela sempre quis e que são de marca. Veja que eu ainda acho que pagar a mais por essas marcas ainda não vale a pena na minha opinião, mas como na verdade agora parte do que ela ganha vai para o *mad money* dela, eu respeito e tento entender. Aqui falo que tento, porque eu realmente nunca vou conseguir realmente entender o valor dado para esse tipo de coisa.

Situações que estão fora do seu controle vão ter um efeito muito menor na sua vida, pois você já não corre o risco de ficar sem emprego em caso de crise, momentos de inflação alta vão afetar você com menor intensidade, governos gastando demais e sendo incompetentes terão pouco efeito na sua vida etc. A influência dessas crises externas no seu dia a dia já vai ser bem menos significativa quando você chega ao estágio em que está sem dívidas e tem um orçamento equilibrado com um fundo emergencial, porém seu efeito é ainda menor quando você tem uma boa quantia acumulada e está vivendo da renda.

O legal dessa fase da vida é que você agora tem sua real independência financeira, ou seja, não depende de mais ninguém. Você tem paz e tranquilidade para fazer o que bem entender e isso amplia muito o leque de oportunidades para sua vida. Desde mudar de cidade, estado ou país a buscar novas atividades remuneradas ou não, agora você está verdadeiramente livre.

Considerações Finais

CAPÍTULO 8

Acredito que esse livro dá uma boa base para qualquer pessoa ter sucesso em obter a sua independência financeira. Lembre-se de que 80% dependem apenas do seu comportamento e bom senso. Os outros 20% de conhecimento financeiro tem menor relevância se você não tem dívidas, constantemente está investindo, tem sua casa própria e não torra o dinheiro em bobagens para impressionar os outros. Não escute a opinião das pessoas ao seu redor que normalmente estão quebradas ou vão trabalhar para sempre.

Isso é uma maratona. Não existem atalhos sem correr grandes riscos e, portanto, não tente ir atrás do novo truque para enriquecer rápido. Na maioria das vezes você vai perder boa parte do valor alocado para essa "novidade".

Acredito que as principais situações que enfrentamos na vida foram cobertas nesse livro e, para as outras, use o bom senso: quanto isso vai custar por ano, quantas horas de trabalho isso vai lhe custar e quanto esse valor que você vai gastar agora seria em 20 anos aplicado são questões que você deve se perguntar antes de fazer algum gasto ou contratar qualquer serviço. Cerque-se de pessoas com o nível de vida que você deve ter e não que gastem muito mais do que você tem para gastar no seu orçamento.

Siga os passos sugeridos neste livro: faça um orçamento superavitário, pague suas dívidas, tenha um fundo de emergência disponível, invista sempre ao menos 15% do que você ganha, compre sua casa e tenha paciência. Seu dinheiro vai crescer no começo aos poucos e depois mais rapidamente - juros compostos funcionam assim: precisam de tempo mas crescem exponencialmente.

Não é fácil mudar de comportamento, mas é essencial se você quiser, um dia, ter uma vida financeira saudável e se você quiser desfrutar da sua vida quando for mais velho sem maiores preocupações com relação a dinheiro. Lembre que você só pode fazer isso junto com seu cônjuge e, portanto, comunicação também é extremamente importante. Vocês têm que estar alinhados nos seus objetivos.

E, se você gostou do que leu aqui e acha que as informações podem ajudar parentes e amigos que também têm dificuldade em construir uma vida estável financeiramente, passe essas informações adiante. Uma sociedade que tem disciplina financeira vai sempre ter uma qualidade de vida melhor como um todo, assim como um nível de satisfação maior.

Fiz esse livro com o principal objetivo de ajudar pessoas como você a chegarem onde eu estou. Então, vamos lá, primeiro passo: faça seu orçamento...

Mãos à obra. Estou torcendo por você.

Um grande abraço,

Alexandre

ANEXO

Exemplo do Orçamento Mensal para um mês:

ORÇAMENTO PESSOAL — 2023

RECEITA	JAN		
RENDA	Planejado	Efetivo	Diferença
Salários	R$ 2.600,00	R$ 2.600,00	R$ 0,00
Juros/dividendos	R$ 649,00	R$ 630,00	-R$ 19,00
Diversos	R$ 474,00	R$ 400,00	-R$ 74,00
Total	R$ 3.723,00	R$ 3.630,00	-R$ 93,00

DESPESAS			
CASA	Planejado	Efetivo	Diferença
Hipoteca	R$ 750,00	R$ 750,00	R$ 0,00
Viagem			
Reparos			
Serviços	R$ 35,00	R$ 0,00	R$ 35,00
Serviços Públicos	R$ 165,00	R$ 100,00	R$ 65,00
Total	R$ 950,00	R$ 850,00	R$ 100,00

COTIDIANO	Planejado	Efetivo	Diferença
Supermercado	R$ 550,00	R$ 500,00	R$ 50,00
Creche	R$ 200,00	R$ 200,00	R$ 0,00
Lavagem a seco	R$ 20,00	R$ 0,00	R$ 20,00
Jantar fora	R$ 300,00	R$ 350,00	-R$ 50,00
Serviço de limpeza doméstica	R$ 300,00	R$ 0,00	R$ 300,00
Passeador de cães	R$ 10,00	R$ 0,00	R$ 10,00
Total	R$ 1.380,00	R$ 1.050,00	R$ 330,00

TRANSPORTE	Planejado	Efetivo	Diferença
Combustível	R$ 195,00	R$ 150,00	R$ 45,00
Seguro	R$ 165,00	R$ 140,00	R$ 25,00
Reparos			R$ 0,00
Lavagem do carro	R$ 10,00	R$ 30,00	-R$ 20,00
Estacionamento	R$ 10,00	R$ 40,00	-R$ 30,00
Transporte público	R$ 20,00	R$ 0,00	R$ 20,00
Total	R$ 400,00	R$ 360,00	R$ 40,00

ENTRETENIMENTO	Planejado	Efetivo	Diferença
TV a cabo	R$ 85,00	R$ 100,00	-R$ 15,00
Locações de vídeo/DVD/Assinaturas TV	R$ 30,00	R$ 30,00	R$ 0,00
Cinema/teatro	R$ 9,00	R$ 0,00	R$ 9,00
Shows/clubes	R$ 5,00	R$ 0,00	R$ 5,00
Total	R$ 129,00	R$ 130,00	-R$ 1,00

SAÚDE	Planejado	Efetivo	Diferença
Mensalidade da academia	R$ 50,00	R$ 50,00	R$ 0,00
Seguro	R$ 225,00	R$ 225,00	R$ 0,00
Medicamentos com prescrição	R$ 100,00	R$ 50,00	R$ 50,00
Medicamentos sem prescrição	R$ 6,00	R$ 0,00	R$ 6,00
Coparticipação/particular	R$ 20,00	R$ 20,00	R$ 0,00
Veterinário/medicamentos para animais de estimação	R$ 4,00	R$ 0,00	R$ 4,00
Seguro de vida	R$ 55,00	R$ 55,00	R$ 0,00
Total	R$ 460,00	R$ 400,00	R$ 60,00

FÉRIAS	Planejado	Efetivo	Diferença
Passagens de avião			
Acomodações			
Alimentação			
Souvenirs			
Taxas para transporte de animais de estimação			
Aluguel de carro			
Total	R$ 0,00		R$ 0,00

LAZER	Planejado	Efetivo	Diferença
Taxas da academia			
Equipamentos de esportes			
Mensalidade de sócio da equipe			
Brinquedos	R$ 39,00	R$ 50,00	-R$ 11,00
Total	R$ 39,00	R$ 50,00	-R$ 11,00

MENSALIDADES/ASSINATURAS	Planejado	Efetivo	Diferença
Revistas			
Jornais			
Internet			
Rádio aberta			
TV aberta			
Organizações religiosas	R$ 29,00	R$ 35,00	-R$ 6,00
Donativo			
Total	R$ 29,00	R$ 35,00	-R$ 6,00

PESSOAL	Planejado	Efetivo	Diferença
Vestuário	R$ 0.00	R$ 100.00	-R$ 100.00
Presentes			
Salão/barbeiro	R$ 25.00	R$ 0.00	R$ 25.00
Livros			
Música (CDs, etc.)			
Total	R$ 25.00	R$ 100.00	-R$ 75.00

OBRIGAÇÕES FINANCEIRAS	Planejado	Efetivo	Diferença
Economias de longo prazo	R$ 25.00	R$ 25.00	R$ 0.00
Aposentadoria	R$ 45.00	R$ 45.00	R$ 0.00
Pagamentos do cartão de crédito	R$ 75.00	R$ 70.00	R$ 5.00
Imposto de renda (adicional)			R$ 0.00
Outras obrigações	R$ 32.00	R$ 0.00	R$ 32.00
Total	**R$ 177.00**	**R$ 140.00**	**R$ 37.00**

PAGAMENTOS DIVERSOS	Planejado	Efetivo	Diferença
Outros			
Outros			
Outros			
Outros			
Outros			
Total	R$ 0.00	R$ 0.00	R$ 0.00

	Planejado	Efetivo	Diferença
Despesas totais	R$ 3,589.00	R$ 3,115.00	R$ 474.00
Diferença de caixa	R$ 134.00	R$ 515.00	R$ 381.00

www.ingramcontent.com/pod-product-compliance
Lightning Source LLC
Chambersburg PA
CBHW060322050426
42449CB00011B/2609